FILA E DEMOCRACIA

Roberto DaMatta
com Alberto Junqueira

FILA E DEMOCRACIA

Rocco

Copyright © 2017 by Roberto DaMatta

Direitos desta edição reservados à
EDITORA ROCCO LTDA.
Av. Presidente Wilson, 231 – 8º andar
20030-021 – Rio de Janeiro – RJ
Tel.: (21) 3525-2000 – Fax: (21) 3525-2001
rocco@rocco.com.br
www.rocco.com.br

Printed in Brazil/Impresso no Brasil

Preparação de originais
PEDRO KARP VASQUEZ

CIP-Brasil. Catalogação na fonte.
Sindicato Nacional dos Editores de Livros, RJ.

D162f

DaMatta, Roberto
    Fila e democracia / Roberto DaMatta, Alberto Junqueira. –
1ª ed. – Rio de Janeiro: Rocco, 2017.

    ISBN: 978-85-325-3060-8 (brochura)
    ISBN: 978-85-812-2686-6 (e-book)

    1. Antropologia. I. Junqueira, Alberto. II. Título.

17-38901   CDD–306
                                                                                     CDU–316

O texto deste livro obedece às normas do
Acordo Ortográfico da Língua Portuguesa.

Este livro é dedicado à Pontifícia Universidade Católica do Rio de Janeiro – a PUC. Verdadeiramente católica, verdadeiramente generosa.

Nossa tese é que a ideia de um mercado autorregulável implicava uma rematada utopia. Uma tal instituição não poderia existir por nenhum período de tempo sem aniquilar a substância humana e natural da sociedade; ela teria destruído fisicamente o homem e transformado seu ambiente num deserto. Inevitavelmente, a sociedade tomou medidas para se proteger, mas, quaisquer que tenham sido essas medidas, elas prejudicariam a autorregulagem do mercado, desorganizariam a vida industrial e, assim, ameaçariam a sociedade em mais de uma maneira. Foi esse dilema que forçou o desenvolvimento do sistema de mercado numa trilha definida e, finalmente, rompeu a organização social que nele se baseava.

Karl Polanyi

Apresentação

Este trabalho nasceu de um curso sobre "rituais e modernidade" que ministrei no Programa de Pós-Graduação em Ciências Sociais da Pontifícia Universidade Católica do Rio de Janeiro. Alberto Junqueira foi um dos membros deste seminário e ao final do semestre resolveu, com meu total apoio e entusiasmo, pesquisar a "fila" – uma instituição incluída nas discussões do curso como um ritual ou uma prática coercitiva e obrigatória.

Deste trabalho, resultou sua tese de Mestrado (defendida em 2012) e, da tese, sai este ensaio escrito a quatro mãos, exceto pela pesquisa de campo realizada pelo Alberto, e pela introdução e edição de texto que são de minha autoria.

Suprimimos do escrito original a sua densidade escolar e transformamos os capítulos da tese em ensaios que apresentam os achados principais da pesquisa.

———

Neste trabalho, estudamos lugar da fila como uma instituição essencial para construção de um espaço público igualitário. A fila seria uma "prova" da igualdade como um valor. Num sentido mais profundo, entretanto, ela exprime a dialética entre a igualdade e a desigualdade, entre a parte (que, pelo menos para nós, individualistas, é imediatamente visível) e a totalidade social (sempre descoberta com mais esforço quando tomamos consciência dos elos entre as partes e, mais além, do papel e do peso do contexto, da situação, da circunstância ou ocasião – enfim, de tudo o que configura uma realidade em tudo aquilo que ela contém: *uma totalidade*). De modo humilde e trivial, a fila revela os ajustes e contornos entre normas de governabilidade prévia e manifestamente estabelecidas e as distorções e contradições que resultam de sua aplicabilidade, tal como ocorre com o mercado na velha e sábia, mas infelizmente esquecida, tese de Karl Polanyi. Igualdade e desigualdade, identidade e diferença, individualismo e holismo, mobilidade democrática e imobilidade aristocrática, mérito e hierarquia. Eis alguns dos duelos que têm assombrado a democracia liberal e o capitalismo desde que um francês chamado Alexis de Tocqueville descreveu, num misto de deslumbramento e preocupação crítica, a democracia individualista e igualitária da América no século XIX de uma perspectiva sociocultural e não apenas como um regime político; e um outro francês (há sempre um francês...), Thomas Piketty, neste nosso século XXI, na trilha de pesquisadores como Anthony Atkinson e Emmanuel Saez (sem esquecer Joseph Stiglitz e Paul Krugman) reiterou, numa obra de admirável fulgor conceitual, um espantoso aumento da desigualdade nos países ricos e pioneiros da democracia, como é o caso dos Estados Unidos.

Uma desigualdade que é parte e parcela do capitalismo e que pode se constituir numa ameaça aos fundamentos da democracia, numa irônica inversão ou, como diria um outro francês, Louis Dumont, numa "reversão hierárquica" dos achados e reflexões que Tocqueville vislumbrou e cujos efeitos contraditórios e destrutivos Karl Polanyi profeticamente alertou como a "grande transformação" da vida moderna na década de 1940![1]

---

[1] Veja Karl Ponalyi, *The Great Transformation: The Political and Economic Origins of Our Time*. Boston: Beacon Press, [1944] 1957. Tradução brasileira publicada pela Editora Campus, Rio de Janeiro, 1980.

Uma reversão (ou um retorno do latente ou do escondido) também presente em outros espaços graças à consciência de que o principal protagonista do nosso planeta é a Humanidade e não mais a Natureza. Hoje, como aponta, entre outros, Bruno Latour na trilha aberta por James Lovelock, nas suas Conferências Gifford de 2013, vivemos o Antropoceno. Gaia, a terra, é uma entidade viva atacada pelo seu mais destrutivo micróbio: nós, os humanos, que a subjugamos em nome da ideia de um *progresso linear* por meio de uma rejeição do passado e de um mercado cuja autorregulagem só no final do século passado começou a ser timidamente redesenhada[2]. Afinal, como alerta, um pop star da filosofia, o harvardiano Michael Sandel: o dinheiro não pode (ou não deveria) comprar tudo...

Sem querer adiantar, mas já adiantando, o ponto central deste exercício é que a *fila*, como uma instituição que constrange corpos e mentes, que suspende (mas assegura) a independência individual, que controla e hierarquiza (coloca cada qual no seu lugar, fazendo com que o tecido urbano perca momentaneamente a sua notória mobilidade), deve ser analisada justamente porque, numa sociedade possuída por um credo individualista, libertário e igualitário, cabe à *fila* articular a prática desta cosmologia, dando-lhe estabilidade e, mais do que isso, credibilidade. Em outras palavras, a fila é uma ponte crítica entre a igualdade como princípio cosmológico e a desigualdade como um hóspede supostamente não convidado; e, simultaneamente, mas ao inverso, da igualdade excepcional na fila e das mais óbvias desigualdades na sociedade.

---

[2] Ver o clássico de James Lovelock, *Gaia: cura para um planeta doente*. São Paulo: Cultrix, 2006. Ver igualmente as considerações de Maria Rita Lustosa Junqueira Villela em *RIO+20: um estudo sobre narrativas de desenvolvimento sustentável e fim de mundo*. Tese de Mestrado, Departamento de Ciências Sociais da PUC-Rio, 2015.

Se em muitos contextos confundimos libertarismo e individualismo igualitário com anarquias nas quais se dispensa uma dimensão integrativa, a fila restabelece centralidades e autorregulagens. Somos livres para consumir, mas entramos numa fila para comprar e seguramente para pagar. Só que a "desigualdade" do enfileirar-se, ao contrário das diferenciações da extrema pobreza, do trabalho sistemático do capital que engloba a renda (como revela Piketty), da segregação racial e dos totalitarismos políticos, é uma "desigualdade" temporária e contextual, embora a "instituição fila" (ou a fila como uma instituição) seja onipresente e demarcadora de situações voltadas para a resolução de problemas a partir de uma ética de justiça e igualdade, dentro de um credo individualista.

Eis por que "furar" a fila num sistema igualitário, conforme Michael Sandel nos alerta horrorizado num livro que atualiza sem saber as teses de Polanyi e de Marcel Mauss; ou pior que isso, "comprar" o lugar numa fila, seria um *ato imoral* porque a fila, como toda ordem radicalmente rígida, baseada num só princípio – no caso, a igualdade radical –, está também sujeita a inversões ou reversões hierárquicas (e a uma lógica oligárquica) quando uma pessoa compra ou "guarda" o lugar de outra, porque a fila (como o mercado) não quer saber quem é quem dentro do seu arcabouço formal[3].

Ao entrar nos problemas teóricos, procuramos ser claros de modo a não excluir da escrita o leitor interessado, mas não

---

[3] Consulte Michael Sandel, *O que o dinheiro não compra: os limites morais do mercado*. Rio de Janeiro, 2013. Agradeço a Rodolfo Coelho Prates a menção desse livro que, significativamente para o que vamos discutir aqui, começa seus argumentos a favor dos limites morais do mercado e contra o dogma de sua absoluta autonomia junto ao sistema social, usando o exemplo de filas americanas, onde o lugar na fila e a espera consequente é corrompido pela compra e negociado. Ao fim e ao cabo, trata-se de regular o mercado e de nele introduzir um marco regulatório correspondente. Vale dizer, como mostrarei mais adiante, um componente hierárquico. No fundo, mesmo o livre mercado não pode, como talvez os antropólogos saibam mais do que os economistas, ser totalmente livre.

afeito a um texto acadêmico. O ponto central do livro, porém, é a demonstração de como uma instituição rotineira e familiar como a fila diz muito do mundo em que vivemos. Se o leitor captar a densidade que permeia a fila como instituição, dou-me por satisfeito, pois tal mensagem é, a meu ver, o ponto básico do exercício antropológico realizado.

Por fim, devo acentuar que os achados cabem ao Alberto e os exageros, a presunção teórica e os erros, a mim.

Somos ambos, porém, penhorados ao Departamento de Ciências Sociais da PUC, à CAPES e ao CNPq que nos apoiou no desenrolar deste trabalho.

Roberto DaMatta
Jardim Ubá, dezembro de 2015

O que diz a fila?

O cerne deste ensaio é a relação entre a *fila* e a *modernidade democrática* – ou para falar com a conhecida e exemplar modéstia acadêmica: sobre a fila como *uma estrutura elementar da democracia*.

Se eleições livres e competitivas são um dos marcos da vida democrática, entramos numa fila para votar. Realmente, nada mais trivial para nós, "modernos" e membros de "Estados nacionais democráticos", do que o ato de ficar atrás de um desconhecido e na frente de um outro para pacientemente esperar com a intenção de realizar alguma tarefa: tomar uma condução, pagar uma conta, realizar uma compra, efetuar um depósito bancário, esperar um sinal, um elevador ou fazer uma consulta, passando – automaticamente e, sem nenhum favor ou palavra – *de último a primeiro* com a certeza de ser atendido.

O movimento impessoal e automático de último a primeiro, quando "chega a nossa vez", é uma miniatura perfeita da movimentação positiva bem como dos dilemas do individualismo igualitário, cerne das cosmologias democráticas liberais e do capitalismo, em contraste com os sistemas predominantemente aristocráticos e hierarquizados, os quais, no plano político, assumem a forma de despotismos ou fascismos de "direita" ou de "esquerda".

Conforme sabemos, até os partidos que disputam o poder político e as grandes empresas que competem por consumidores no mercado, entram em "filas" para governar e realizar seus negócios e para operar seus esquemas de corrupção. A mal falada democracia liberal é, na forma e no fundo, um regime baseado no direito e no respeito a fila e, sem ela, não haveria o esperado rodízio que renova energias e pontos de vista – além de permitir a correção de erros e enganos de produtos, partidos e, quem sabe, de políticos.

Penso especialmente nos ciclos que são garantidos por ações paradoxalmente anticíclicas nos três domínios básicos de nossa metafísica: a religião, a economia e a política. No primeiro, garante-se a liberdade de crença e culto; no segundo, a do mercado auto ou semirregulado – o direito de possuir, emprestar, alugar e vender; e, no terceiro, a de um limite temporário ao exercício do governo, provendo-o de uma explícita rotatividade ou de limites.

Nas três instâncias, há uma luta entre "ciclos longos" que tendem a ser inibidos e desencorajados e criam-se "períodos curtos" ou delimitados os quais produziriam "mudanças" quase sempre interpretadas como sintomas de "evolução", "crescimento" e "progresso", dentro da ótica na qual a alteração é equacionada a algo positivo, necessário e inevitável, de modo que o futuro é imaginado como melhor do que o passado, num esquecimento total do presente e numa ingênua concepção segundo a qual os complexos e trágicos problemas do nosso tempo serão lidos como inocências ou ingenuidades num futuro que a nossa cosmologia desenha (ou desenhava!) como assegurado por uma plenitude bucólica e – até agora – infalivelmente otimista.

Conforme perceberam pioneira e inequivocamente Alexis de Tocqueville e, com maior densidade, Louis Dumont, nas aristocracias é o sistema (ou o todo valorizado positivamente) quem estabelece a posição da pessoa a qual se define por ser uma parte e, ao mesmo tempo, uma expressão de um "estado", "casa", "casta" ou "ordem" onde nasceu e certamente morrerá. Nos nazifascismos, abre-se um parêntesis: a totalidade é obtida pela "raça", pela eugenia; ou por formulações econômicas axiomáticas e indiscutíveis. Nestes sistemas, o todo é representado por um partido o qual clama razões axiomáticas a sua superioridade e, em virtude disso, uma legitimidade absoluta ou "total" (e exclusiva) no campo político.

Não é fácil nem tranquilo, como mostram as recepções ambíguas à obra de Louis Dumont, observar a *hierarquia* sem ter como guia os óculos usuais de uma cosmologia individualista, igualitária, progressista, utilitária, atomística, prática e reducionista, saindo da armadilha simplória segundo qual a hierarquia seria a mera racionalização "política" para a exploração de uma enorme parcela da sociedade por uma minoria.

Indo direto ao ponto, pode-se admitir que a legitimidade insuspeita e não legiferada da fila desmente cabalmente esse princípio, já que, *em fila,* as diferenças socioeconômicas não são determinantes; e – ao contrário de quase todas as outras esferas do sistema – não podem ser levadas em conta. São interditadas e se forem mencionadas serão moralmente inibidas. Deste modo, a estratificação social que deveria ser o testemunho de alguma forma de desigualdade ou injustiça cede lugar a uma *hierarquia* legitima, muito embora, momentânea e prática. Uma gradação obtida entre um desejo e a sua realização por meio de uma estrutura transparente situada entre o momento de sua manifestação (quando se entra na fila) e de sua realização (quando se é atendido), de tal sorte que a parte e o todo se harmonizam dinâmica e concretamente. Tal harmonia entre as individualidades que formam um todo é, de fato, o objetivo implícito de todas as filas. Se quisermos ser bíblicos ou quixotescos, podemos dizer que a fila confirma um velho adágio nascido com o acirramento da competição e do individualismo moderno: quem espera sempre alcança!

Eis uma "ordem" que independe do posicionamento econômico, político, religioso – de "classe" – ou de "aparência" e cor "real" dos seus membros. Nas filas, o pobre, o marginal, o estrangeiro, o velho, o transexual e o negro podem estar em primeiro lugar não por lei ou quota, mas porque simplesmente *chegaram primeiro* e, com isso, conquistaram direito ao lugar que *ocupam*. Ou seja: obtiveram a prerrogativa de possuir um espaço concreto, embora fugaz, e com isso restabeleceram um "direito" aquém do dinheiro e além das regalias e dos preconceitos político-sociais.

Deste ponto de vista, a fila combina de modo perturbador o direito de uma ocupação espacial delimitada pelo momento de chegada, criando uma ordem a meio-caminho entre os *privilégios antigos* e as *vantagens modernas*. Os primeiros jamais acabavam, os segundos duram enquanto se sustentam, como é o caso da celebrização, da fama e, obviamente, da competência e do mérito.

Em outras palavras, a hierarquia da fila não é a da comprovação (ou da *confirmação*) de diferenças e desigualdades entre nobres ou clérigos opressores contra uma plebe oprimida. Muito pelo contrário, como um modo de ordenação dada pela "ancestralidade" paradoxal de quem chegou primeiro, ela seria algo tão claro e óbvio como a própria criação do mundo, como dizem os velhos mitos[4].

De maneira evidente, mas inconsciente ou implícita, a fila reproduz o plano cosmológico chamado de "religioso" na literatura sociológica clássica[5]. Ela reaviva a relação na qual os superiores são superiores exatamente porque têm plena consciência de que devem sua ascendência ao modo como se comportam para com os deuses (que são a sociedade vista de outro modo)

---

[4] Neste sentido, veja o lúcido ensaio de Mary Helms: *Access to Origins: Affines, Ancestors, and Aristocrats*, Austin: University of Texas Press, 1998.
[5] Ver Numa Denis Fustel de Coulanges, Émile Durkheim, Marcel Mauss e seus discípulos, bem como Maurice Hocart – para ficarmos com os pioneiros.

e com seus tributários. Quando tais elos são esquecidos, escamoteados ou recusados ocorre – como revelam as *crises ideológicas* e, muito antes delas, os *mitos* – algo irreparável que pode modificar a vida social para sempre. O mundo, então, surge tal como ele hoje existe: repleto de distinções e sofrimentos, reveladores do rompimento com um laço *primordial de interdependência* que era parte constitutiva de um estilo de vida sem autonomia individual absoluta e obviamente sem igualitarismo e liberdade substantivas.

Nas mitologias, a invenção das doenças, do adultério, da feiura, das deformidades físicas, da morte e de certas características geográficas se associa à ocorrência de algum *excesso* (muita ambição ou sovinice, por exemplo); ou quando é *desobedecida* a regra segundo a qual superiores e subordinados são *interdependentes* e *complementares* e eles deixam de se comunicar sendo percebidos como "espécies" (ou "ordens" e "estados") diferenciados. Pois é justamente a *interligação complementar* que legitima a totalidade na qual eles, por direito, estão inseridos. Sem essa forma elementar, digamos, de "noblesse oblige" ou de uma *consciência da devolução da dádiva* – como talvez concordasse Marcel Mauss – o cosmo perderia sua legitimidade.

Neste sentido, vale reiterar que a desobediência, a violência e o erro que levam às rupturas e a ausência de comunicação com o todo são, em muitas cosmologias, os primeiros atos de individualização e de liberdade, os quais, em muitas culturas, os seres humanos bem como, animais, plantas, fenômenos meteorológicos, estrangeiros, afins, mortos e certos objetos passaram a pertencer[6].

---

[6] Essas concepções seriam mais pobres sem os trabalhos de Eduardo Viveiros de Castro, Carlos Fausto, Aparecida Vilaça, Lívia Barbosa, Peter Fry, Yvonne Maggie e Maria Laura Cavalcanti. Não preciso reafirmar que o centro da minha inspiração vem de Louis Dumont e, mais além, em Isaiah Berlin.

A possibilidade de um indivíduo viver isolado do seu grupo e voltado para si mesmo numa espécie de exílio interno, sempre foi vista como um tabu e um sintoma patológico e não como um valor e uma ética. Todos os feiticeiros e bruxos de sociedades baseadas no altruísmo exigido pela ética da dádiva, da família, do parentesco e das relações pessoais (esse sistema chamado comumente de "patrimonialista" ou "tribal") são tipificados como *indivíduos*: como subjetividades autônomas, cujos interesses são egocentrados e podem ou não dizer respeito à coletividade a qual pertencem. São pessoas sem generosidade e senso de compaixão – essas virtudes essencialmente relacionais. Tal isolamento seria concebido como *exótico* ou *anômalo* em sistemas nos quais o todo predomina sobre a parte, como – aliás – ocorre em maior ou menor escala em todas as coletividades.

O individuo autônomo tomado como o sujeito central das normas de governança, gerou uma profunda e constante discussão sobre seus paradoxos, limites e sentimentos (autenticidade, felicidade, culpa, normalidade, remorso e, acima de tudo, solidariedade e sexualidade – *eros*) a partir da Reforma, até que numa Europa enredada por contradições morais fruto das demandas invisíveis do individualismo e do utilitarismo promotor de um progresso tecnológico sem precedentes, Sigmund Freud (entre outros, mas de modo exemplar) nos apresentou com ajuda de uma protoantropologia, a ideia de *superego*. Nela, os desejos ou, como diria Gilberto Velho, os "projetos individuais" (tanto os legítimos quanto, principalmente, os escusos, os marginais, e os ambíguos que, por isso, seriam perigosos, como as paixões físicas e a ambição reveladores do desejo incontrolável de mobilidade e de experimentação), esbarravam e seriam revistos por normas morais cuja origem era relacional ou coletiva: vindas de fora para dentro, conforme demonstra a contribuição da Escola Sociológica Francesa de Durkheim a Mauss; e de Claude Lévi-Strauss a Louis Dumont, sem esquecer a fundacional antropologia social inglesa que vai de B. Malinowski e A. R. Radcliffe-Brown a E. E. Evans-Prichard, Meyer Fortes, Max Gluckman, Edmund Leach, Victor Turner e Mary Douglas. De fato, o Dr. Jekyll, de Robert Louis Stevenson, era o criador (e a criatura) de Mr. Hyde (escrito em 1886); do mesmo modo que o Dorian Gray (publicado em 1891), de Oscar Wilde, não podia se distinguir das deformidades da sua figura retratada à revelia de sua vontade consciente[7]. As dualidades e multiplicidades paradoxais afins e contrárias ao racionalismo e ao individualismo e suas inesperadas contrapartidas holistas, apresentadas nessas obras e em outros lugares, como nos cultos de possessão espiritual, nas seitas religiosas e nos surtos assassinos em países onde o individualismo deveria ter uma total supremacia, não são desconhecidas. Eles contradizem a visão linear ou progressiva da ordem social e foram reprimidos, mas não totalmente extinguidos da configuração individualista moderna. Pela mesma dialética de "reversão", arrebatamentos (e paixões) individualistas ocorrem em sociedades predominantemente holistas. Numa, o conflito é quando um indivíduo ultrapassa sem motivo (ou de modo *perverso* porque estaria em desarmonia com a *utilidade normativa* que racionaliza o sistema) uma norma fixada a qual é paradoxalmente rompida num ato tomado como sem nexo e puro e *absolutamente* individual.

---

[7] Como dizia Lukács, o romance é a epopeia de um mundo esquecido por Deus; e Sade – conforme lembra Ian Watt num livro clássico – confirmava; atribuindo a esse modo de compreensão, um quadro dos costumes "seculares", ou seja: ao fato de que no mundo ocidental a parte é mais importante que o todo e isso é chamado de individualismo. Watt confirma esses testemunhos afirmando que "o romance requer uma visão de mundo centrada nas relações sociais *entre indivíduos*; e isso envolve secularização porque até o final do século XVII o individuo não era concebido como um ser inteiramente autônomo, mas como um elemento de um quadro cujo significado depende de pessoas divinas e cujo modelo secular provêm de instituições tradicionais como a Igreja e a monarquia". (Watt, *A Ascensão do Romance*, São Paulo: Companhia das Letras, 1990:76). Em outras, palavras, o romance seria o testemunho da passagem de uma cosmologia holística para um credo individualista.

O individualismo não pode ser absoluto sob pena de perversão moral. De fato, como ele poderia existir ou ser postulado fora da totalidade que o sustenta e legitima?

Já as sociedades holistas, relacionais e tribais; com ou sem estado, o extraordinário surge quando o isolamento promove uma experiência individualizante (e solitária) que incompatibiliza a pessoa de operar com o seu grupo e suas coerções. O tipo ideal do primeiro caso é o gênio e o líder messiânico e populista moderno; o do segundo, é o feiticeiro.

Neste contexto, vale mencionar como, numa passagem celebre de *Democracia na América*, Alexis de Tocqueville distinguiu o *individualismo* como um valor eventualmente positivo, ao menos no contexto da democracia americana, do *egoísmo* como uma paixão universal e, em seguida, revelou como a solidão e a ausência de poder individual engendrou as associações livres e cívicas; rotineiras e críticas para o funcionamento da democracia igualitária e liberal americana. (Tomo II, parte 27, 28 e 29)

Ampliando a visão tocquevilliana, Louis Dumont revela como a instituição da *renúncia do mundo* permite a um indiano abandonar sua casta, aldeia e rede de parentesco para investir na sua libertação de laços sociais sacralizados, equivaleria social ou estruturalmente à sua transformação num indivíduo moderno[8]. O isolamento voluntário e a "neutralização" do holismo e da hierarquia, traria à cena uma modalidade de liber-

---

[8] Veja os estudos seminais de Dumont publicados em *Contributions to Indian Sociology*, em 1960 e 1965, intituladas, respectivamente: "World Renunciation in Indian Religions"; "The Modern Conception of the Individual: Notes on its Genesis"; "The Functional Equivalent of the Individual in Caste Society" e "The Individual as an Impediment to Sociological Comparison in Indian History", reunidos e elaborados nos livros *Religion/Politics and History in India* (Paris/The Hague: Mouton, 1970), *Homo Hierarchicus: o Sistema de Castas e suas Implicações*, São Paulo: EDUSP, 1992:66; e *O Individualismo: Uma Perspectiva Antropológica da Ideologia Moderna*, Rio de Janeiro: Rocco, 1986: 83.

dade familiar ao nosso cenário social: a do indivíduo inovador e do criador de seitas; do formidável empresário ou gênio da tecnologia, do marketing, das artes e das ciências.

Viver "fora do mundo", como pioneira e originalmente indicou Max Weber na sua *Sociologia da Religião*[9], rompe com os mecanismos indiscutíveis e sagrados do parentesco e da casta e faz com que o *renunciante* passe a ser uma pessoa com um projeto próprio o qual, diga-se logo, sob pena de repetição, é o apanágio do filósofo crítico, dos artistas "expressionistas" e "impressionistas" e de um *feiticeiro* ou de um *bruxo*, os quais, em todo lugar, são caracterizados como pessoas que pensam mais em si mesmas do que nas suas obrigações sociais imperativas[10].

Nas aristocracias, as mudanças de posição social eram facultadas pela afinidade (o casamento hipergâmico, por exem-

---

[9] Veja o Cap. XVI da edição alemã de 1922, publicada em tradução para o inglês pela Beacon Press, Boston, 1967.

[10] E, diz um lado meu, do próprio "Homem Individual Moderno" de Lutero e Calvino, tal como ele foi criado de barro pelo Deus Todo-Poderoso e aprendeu com os próprios erros podendo ser mortal ou imortal de acordo com seus atos. Para nós, o mundo social começa com um laço de descendência ou, mais especificamente, de *paternidade* entre Deus (o Criador) e o filho; um Adão insatisfeito o qual solicita Eva – o protótipo da afinidade ocidental subordinada, entretanto, ao laço de filiação (ou sangue, como diz a nossa cosmologia). Eva permite criar o elo de afinidade necessário à procriação e, ao mesmo tempo, ressaltá-lo como inconfiável e superior em sagacidade, tal como ocorre com os afins em muitas outras sociedades. Feita de uma costela de Adão, é Eva quem que os tira *como um casal* do Jardim do Éden e, no mundo da dor e do trabalho, estabelece o cisma entre "natureza" e "cultura", entre o sagrado e o profano. Na Índia, a afinidade é englobante e se transforma num valor e não num acidente. Entre nós, os afins tornam-se parentes como sogros (e sogras!) e cunhados os quais transformam-se em avós, tios, primos e netos. Foi Louis Dumont quem chamou atenção para tal diferença no parentesco francês e inglês e as suas implicações para os estudos de organização social em geral. Cf. Dumont, 1971 *Introduction à deux théories d'anthropologie sociale*. Mouton: Paris, Le Haye. Comentei tal diferenciação entre "descendência natural" e "afinidade prescritiva" ou casamento como um arranjo, contrário às nossas teorias do amor como ventura pessoal e individualista: como um evento único, singular e obviamente romântico no meu livro *Relativizando: Uma Introdução à Antropologia Social* (Rio de Janeiro: Rocco, 1981).

plo) e pelo heroísmo na guerra. Em ambos os casos, trata-se de mudar de patamar social pela associação com um estranho – uma mulher aristocrática ou um inimigo os quais seriam englobados ou "comidos", como se diz coloquialmente.

Em *Carnavais, Malandros e Heróis* (Rio de Janeiro: Rocco, 1979) sugeri uma interpretação do "bandido social" e do "líder messiânico salvacionista" (como Lampião e Antônio Conselheiro) como personagens extramundanos que, devido a uma falta moral grave, são levados a um isolamento transgressor e a uma "quase-afinidade" ou extremada alteridade – revolucionária, rebelde ou vingativa, obviamente criminalizada – para usarmos uma referência clássica da cosmologia brasileira[11].

O ponto a ser ressaltado, é como o destaque do indivíduo perante o seu grupo de referência é uma possibilidade, mas configura vivências diferenciadas de acordo com o seu grau de regularidade e distanciamento. No caso de sociedades holísticas, a individualização (sem o credo individualista que a legitima) é indubitavelmente um centro potencial de criatividade e de desequilíbrio sócio-político. Em outras palavras, o isolamento e a solidão que individualizam tendem a ser controlados, reprimidos e evitados em sistemas holistas.

O clássico de Alexandre Dumas, *O Conde de Monte Cristo* (1845-46), revela isso no plano ficcional. Nele, o isolamento injusto na prisão transforma um homem comum num poderoso aristocrata-milionário (por meio de um tesouro obtido ao acaso), o que introduz na narrativa elementos modernos (mudança oportuna e externa de miserável a milionário e nobre), embora, ela siga o roteiro maussiano do reciprocar relacional negativo por meio de vingança. Não há dúvida que Edmond Dantès é um vingador tradicional, mas ele é também transfor-

---

[11] Sobre a vingança como instituição, ver Marcos Nogueira Milner, "Entre a Honra e a Vingança: Considerações sobre a Reciprocidade Violenta no Brasil", Departamento de Ciências Sociais, PUC-Rio, 2014.

mado num conde, ao mesmo tempo, que é um multimilionário sem nenhuma compaixão ou *noblesse oblige*, pois é o tesouro e o acaso (o encontro com abade Faria na prisão) que permitem a Dantès realizar seu projeto, elevando-o à posição de um nobre excepcional: um nobre individualizado e sem laços com seus pares – ou seja: um nobre sem nenhuma nobreza! Nele, a vingança absoluta e solitária – implacável porque é totalmente individualista, se faz por meio do dinheiro e não da ancestralidade. Ela de certo modo antecipa o vazio e os limites da legitimidade do racionalismo e do individualismo[12].

Num ensaio intitulado "Individualidade e Liminaridade: Considerações sobre os Ritos de Passagem e a Modernidade" (*Mana*: Estudos de Antropologia Social, vol. 6 n° 1, abril de 2000) sugeri que nas sociedades tribais o rompimento controlado do grupo, quando os iniciados dele são cuidadosamente separados, promove um momento existencialmente perigoso (ou liminar, conforme dizia Victor Turner) o qual seria uma alteridade negativamente marcada. Para nós, porém, o isolamento e sua conseqüente individualidade (com ou sem individualismo) são vistos como estados normais e rotineiros. Nas coletividades "modernas", é o hipercoletivismo – o pertencer e desaparecer numa seita, partido ou clube fechado no qual só se entra por convite – que constitui um problema. De fato, como explicar a fama e a celebrização que levam aos píncaros da gló-

---

[12] Até onde e em que circunstâncias pode ir a riqueza numa sociedade de livres e iguais? É legítimo que um ator de cinema receba milhões e uma pessoa comum não receba nem um décimo de tal quantia por décadas de labor diário? Pode-se "jogar dinheiro fora" impunemente num mundo de carentes, deficientes e miseráveis? A questão do altruísmo – do "suficiente" e do limite dos que o dinheiro pode comprar surge com força ao lado de uma consciência dos limites do mundo como um planeta transformado em objeto de exploração econômica, mas interligado numa totalidade inesperada e totalmente inexplicável para uma cosmologia do progresso que paradoxalmente engendrou esse mundo governado por um mercado autorregulável. A onipotência de Monte Cristo é uma representação desta formalidade moderna.

ria; ou como compreender estados patológicos e criminais que produzem um sucesso às avessas é a questão, pois o "normal" seria não se submeter ou submergir[13].

Por tudo isso, a submissão voluntária de indivíduos livres, iguais e autônomos a uma obediente fila, traz de volta um paradoxo: a certeza, ainda que fugaz, de mudar justamente porque a igualdade como estilo e vida implica surpreendentes hierarquias dinâmicas e transitórias (Dumont, repito, as chama de "reversões hierárquicas"), que reproduzem o movimento de uma esperada e aspirada ascensão social.

---

[13] A ideia de uma "dividualidade" (inventada por McKim Marriot por oposição a categoria de indivíduo [cf. Marriot, *Hindu Transactions: Diversituy Wythout Dualism*, Chicago, 1976] parece surpreender mais aos antropólogos e estudiosos ingleses e americanos que aos ibéricos a quem ninguém precisa ensinar que ficar sozinho (perder portanto a "dualidade") é um sofrimento, e que aos parentes e amigos se deve tudo menos a letra dura da lei – ou o mero mercado. O "hobbesianismo" brasileiro (se é que ele existe realmente) ocorre mais com o dinheiro público ou com os nossos inimigos políticos que eventualmente perdem suas "razões", (ou "vez") como acontecia com os escravos da rua e do eito. Partições internas ou dividualidades são visíveis quando somos penetrados por crenças inventadas fora da casa e da família. Por exemplo, quando uma paixão amorosa ou ideológica nos cega e somos percebidos dentro da neblina de uma divisão e de uma alteridade, às vezes, irreparável. A clandestinidade política que vivemos nos anos 1960 e 1970 promoveu essa "dividualidade". Ela fazia com que uma "pessoa" (o indivíduo no Brasil não tem relações e, fora o campo legal, não tem muito valor existencial porque não tem nenhum capital social, como diz Bourdieu) revelasse sua lealdade à casa e simultaneamente a um partido, religião, seita ou grupo. O mesmo fenômeno pode ser visto no caso de crimes cometidos por parentes e amigos. Em suma, eu suspeito que a ideia assentada de "natureza humana" tão bem criticada por Marshall Sahlins num livrinho capital e de título bem americano *The Western Illusion of Human Nature* (Chicago: Prickly Paradigm Press, 2008), especialmente as páginas 44-51, promoveria uma discussão complexa para o caso brasileiro e latino-americano onde o individualismo que, no meu entender sustenta essa "natureza humana", é contrabalançado por um bem estabelecido e inconsciente holismo intra, infra e extramundano. *Mais do que indivíduos, somos pessoas no Brasil*. Demonstrei isso em 1979 (no livro *Carnavais, malandros e heróis*) e me permito não retomar aqui a essa platitude social e cultural nacional. A eleição de Donald Trump (um milhardário ultraindividualista) parece ser exemplar de tudo isso.

No contexto dessa digressão, cabe citar um trecho básico de Tocqueville:

> Entre os novos objetos que me chamaram a atenção durante minha permanência nos Estados Unidos, diz ele, nenhum me impressionou mais do que a igualdade de condições. Descobri sem custo a influência prodigiosa que exerce esse primeiro fato sobre o andamento da sociedade; ele proporciona ao espírito público certa direção, certo aspecto às leis; aos governantes, novas máximas e hábitos particulares aos governados.
>
> Não tardei a reconhecer que esse mesmo fato estende sua influência muito além dos costumes políticos e das leis, e tem império sobre a sociedade tanto quanto sobre o governo: cria opiniões, faz nascer sentimentos, sugere usos e modifica tudo o que ele não produz. Assim, pois, à medida que eu estudava a sociedade americana, via cada vez mais, na igualdade de condições, o fato gerador de que cada fato particular parecia decorrer e deparava incessantemente com ele como um ponto central a que todas as minhas observações confluíam. (Tocqueville, 2005: 7)

Ocorre, porém, que a igualdade de condições também requer um sistema hierarquicamente ordenado. Mutável, sem dúvida, mas determinado por limites temporais e não mais determinado pela afinidade, pela descendência e por laços pessoais imperativos.

Nos sistemas democráticos, socialmente segmentados e em permanente conflito, as biografias não coincidem integralmente com as esferas de origem dos biografados, pois do nascimento à morte pode ocorrer uma radical movimentação social espacial ou geográfica em paralelo a uma mudança social vertical. A imobilidade social deixa de ser uma norma e, mais que isso, uma expectativa, sendo substituída pela mobilidade como projeto e realidade. É a imobilidade (traduzida economicamente no plano coletivo como "ausência de crescimento" ou como "desigualdade") que, na nossa cosmopolítica, legitima a crítica porque ela ultrapassa as fronteiras partidárias e fala do desemprego da ausência de produtividade e, em contrapartida, da ganância dos ricos e da incompetência e da desonestidade dos governantes. Já a mobilidade, fruto do estabelecimento do individualismo como um elemento definidor da própria existência da coletividade, seria uma dimensão dominante e valorizada. Penso não ser preciso acentuar que "evolução" e "progresso", valores centrais da cosmologia moderna, implicam ambos em movimento, automatismo (ou autorregulagem), crescimento, comodidade e avanço[14].

No caso do Brasil, falamos coloquialmente em "subir na vida", bem como em "cair" (de cargos políticos), pois, entre nós, o "sucesso" não é apenas uma "saída" – um *êxito* esperado dentro de certas circunstâncias, conquistado individualmente por esforço próprio, mas é também e sobretudo uma saída verticalizada: *para cima*. E quem sabe, contrariando a força de gravidade cultural que segura ou puxa os inferiores que, nesta cosmologia, teriam (seriam) um *peso*, faz com que eles preci-

---

[14] Num estudo pioneiro e hoje clássico de Copacabana – *A Utopia Urbana: Um Estudo de Antropologia Social*, Rio de Janeiro: Zahar, 1970 – Gilberto Velho destaca que seus informantes gostavam do bairro justamente porque – além da "praia" – Copacabana era um lugar com "comércio", "facilidades", "divertimento", "comodidade", "liberdade" – modernidade, impessoalidade ("ninguém liga o que a gente faz"), e *"movimento"*! Cf. Velho, 1973:66-67, grifo nosso. Copacabana foi, com toda a probabilidade, o primeiro bairro moderno do Brasil. O primeiro a permitir anonimato, amplitude individual e uma variedade de escolhas, bem como uma igualdade e uma extraordinária autonomia individual. Tão intensa, que mereceu uma crônica escrita em 1958 por Rubem Braga, na qual ele em estilo bíblico desfia os castigos a serem impostos a um espaço de sociabilidade absurdamente livre e igualitário. Cf. Rubem Braga, *Ai de ti, Copacabana*. Rio de Janeiro e São Paulo: Editora Record, 2005.

sem de ajuda: um *empurrão*, uma *escada* ou um *pistolão*, como se dizia antigamente. A tal *mão amiga* ou uma *ajuda exterior* ao sistema. Algo que, como o *milagre*, vem de *fora e de cima*.

Ora, esse "*subir na vida*" denuncia a índole hierárquica do sistema pronto a classificar as pessoas em complexas cadeias de inferiores e superiores que, na medida em que a igualdade, como um outro viés valorativo se aprofunda e se transforma em práticas sociais, gera conflitos e promove o que mencionei, em 1979, no livro *Carnavais, malandros e heróis: para uma sociologia do dilema brasileiro*, o "Você sabe com quem está falando?", essa alternativa para uma igualdade e um individualismo duros de serem vividos por uma coletividade marcadas por gradações.

O tão relembrado "direito de ir e vir", constitutivo de um individualismo ligado a igualdade e a liberdade formados na vida urbana, revela essa motivação quase sempre reprimida de mobilidade porque até provavelmente meados do século passado, ninguém podia "ir e vir", e a "rua" era um lugar ambíguo justamente por ser "aberto" e se constituir num espaço de impessoalidade – um local sem dono. Um espaço a ser evitado por quem se percebia, afirmava ou era classificado como sendo "*de berço*" (ou "*de nome*") e, assim, digno de respeito e consideração por parte dos outros o que não eram propriamente "*outros*" (ou iguais), mas *inferiores* ou *superiores*. A exceção a essa norma de evitar o "mundo da rua" ocorria quando ela era hierarquizada, como a rua do Ouvidor, no caso do Rio de Janeiro[15].

---

15 No livro de memórias de Carlos Wehrs, lemos o seguinte: "A rua do Ouvidor – por ela só podiam trafegar carros antes das 9 horas da manhã ou após as 9 horas da noite. Pessoas descalças só podiam pisá-la, munidas de uma licença especial e negros escravos (ele se refere ao período de 1870) não ousavam passar por ela. Nessa rua falava-se e conversava-se acerca de tudo: palrava-se sobre política, principalmente na esquina da rua Gonçalves Dias, e disso os estrangeiros não participavam, porque não entendiam a emaranhada política do país, embora houvesse sempre apenas dois partidos, os Conservadores e os Liberais, e entre os quais o não

A fila é a imagem mais expressiva e certamente a mais comum da igualdade democrática como um valor e como uma corriqueira prática social. Nela, desconhecidos entram em contato e tornam-se "afins" e parceiros, exprimindo interesses comuns fundados fora dos laços de parentesco, amizade e classe social. A grande novidade da fila em sociedades mais ou menos igualitárias, é justamente uma liberdade e uma autonomia individual produtoras de impessoalidade que são centrais para o conceito de civilidade e de cidadania e no universo da rua, mas totalmente estranhas – senão bizarras – relativamente ao mundo da casa.

---

iniciado só com muita dificuldade conseguiria vislumbrar uma diferença muito discreta em seus programas de governo." (Cf. Carlos J. Wehrs, *O Rio Antigo: Pitoresco & Musical, Memórias e Diário*. Rio de Janeiro, 1980, pp. 88-89). Thomas Ewbank, um informante básico do Brasil escravista, aristocrático e plenamente hierarquizado chama a rua do Ouvidor de "a Broadway" local. Ademais, ele revela que por volta dos 1850, era difícil que as senhoras passeassem nas ruas. Seu lugar seria em casa de onde saem nas cadeirinhas ou carruagens. Ewbank observa que os escravos eram impedidos de tocar artigos de prata e seda, assim como o pão. (Cf. Thomas Ewbank, *Vida no Brasil*, Cap. IX, Editora da USP e Livraria Itatiaia, 1976.) Trata-se de um sistema permeado por hierarquia e constituído por um escravismo negro somado a uma aristocracia cuja base era apropriadamente feita de "reis estrangeiros" – com sua branquidão, sotaque e sua superioridade divina como mostra uma literatura sociológica clássica, mas virtualmente ignorada no Brasil. Veja, por exemplo, A. M. Hocart, *Kinship*, Oxford University Press, 1927 e Henri Frankfurt, *Kinship and the Gods*, Chicago: The University of Chicago Press, 1948. Devo observar que Portugal também regulava tipos de fazendas, joias e vestimentas, proibidas às camadas populares, como diz Vitorino Magalhães Godinho no seu livro *Estrutura da Antiga Sociedade Portuguesa*, 3ª edição, Lisboa: Arcádia, 1971. Esse mesmo Ewbank descreve a má-engenharia das ruas do Rio com seus declives e calçamento, mais adequadas aos escravos do que às carroças! Foram muitos os que anotaram como as compras eram realizadas em casa: os produtos a serem adquiridos eram trazidos por caixeiros ou escravos. Em outras palavras, a mulher não circulava – estava presa de modo definitivo à casa. Tal foi a surpresa de quem andou pelo Brasil no século XIX e de Monteiro Lobato quando, nos anos 1920, visitou os Estados Unidos e alarmou-se com a extrema mobilidade das mulheres que estavam nas ruas tanto quantos os homens.(Cf. Monteiro Lobato, *América*, Cap. XXIV, São Paulo: Editora Brasiliense, 1957.)

O *respeito* exigido pela fila não tem como origem as hierarquias inspiradas na casa, mas justamente uma gradação advinda da dimensão impessoal da igualdade e de uma racionalidade formal que lhe é afim. Não há dúvida que tal respeito é um tanto ambíguo porque não sabemos com quem estamos nos enfileirando. Mas em qualquer fila, estamos seguros de que não podemos ceder o lugar ao pai, ao padrinho, ao irmão (ou irmã) ou ao filho (ou filha) sem um aviso ou uma *licença*, porque as obrigações do parentesco são suspensas já que a fila situa *quem nela entra* no plano inescapável de uma igualdade anônima protocolar a qual traz à tona uma hierarquia temporária, fazendo com que o todo iniba a importância eventual de suas partes – dos que entram na fila.

Deste modo, uma celebridade onipotente ou uma autoridade pública consciente de sua suposta superioridade, obedece à ordem de chegada da fila, mesmo sabendo que em outros contextos teria um atendimento prioritário[16].

A igualdade absoluta da fila é perseguida pela simplicidade de sua hierarquia – uma hierarquia contextualizada e dinâmica porque uma fila só é fila temporariamente. Ela nasce e morre com a mesma simplicidade. Ademais, não há nenhuma lei regulando a fila que, em princípio, escapa dos pareceres jurídicos tradicionais.

O leitor verá as reações a impessoalidade igualitária nos diversos casos pesquisados por Alberto Junqueira nos capítulos que seguem a essa introdução.

---

[16] Não cabe aqui discutir ou insinuar que a "afinidade" se distingue da "consanguinidade" pelo pressuposto igualitário e recíproco da troca. A afinidade introduz uma indesejável igualdade num campo marcado pela filiação que gradua. Ela obriga a ver a parte desdenhando o todo (a regra). Quando, pois, surge um cônjuge "errado" – indesejável ou simplesmente interditado –, mas mascarado ou deslocado como no caso de Édipo, instala-se o drama rodriguiano ou a tragédia shakespeariana como mostraram Eduardo Viveiros de Castro e Ricardo Benzanquen de Araújo, no ensaio "Romeu e Julieta e a origem do Estado", publicado no livro organizado por Gilberto Velho, *Arte e Sociedade*: ensaios de sociologia da arte. Rio de Janeiro, Zahar Editores, 1977 p. 130-169.

Observada em todo o lugar, a fila brasileira – como mostra a pesquisa apresentada a seguir – invoca e promove sentimentos ambíguos. De um lado, ela nos submete às rotinas das coisas que fazemos sem pensar; de outro, ela promove reações claramente negativas. De fato, como perfilar positiva e gentilmente com estranhos, se nossa autopercepção pessoal e coletiva é forjada *também* pela *igualdade e liberdade aristocráticas* como indica Tocqueville no seu estudo sobre a revolução francesa diante do antigo regime?[17]

Por isso, sem dúvida, a fila foi tão pouco percebida e estudada nas suas variedades e singularidades locais, as quais trazem à tona as reações e os modos pelos quais a igualdade consorciada com a liberdade e a solidariedade, é atualizada em diferentes sistemas sociais (nacionais ou não), embora todos os aglomerados humanos sejam por ela atingidos e usem essa forma de ordenação social.

Ela também revela as dificuldades e as ambiguidades de ordenar a individualidade igualitária e autônoma, a qual se fosse subordinada a impulsos egoístas demandaria a aglomeração ou o ajuntamento nos quais predomina a selvageria do "empurra-em-

---

[17] Ver Alexis de Tocqueville, *O Antigo Regime e a Revolução*. Editora UnB, 1979. Neste estudo, Tocqueville faz a distinção dessas dimensões da igualdade e da liberdade cujas origens são diferenciadas caso elas apareçam em sistemas mais ou menos igualitários. Um aristocrata ou alto burocrata comissionado pelo Rei, no âmbito do absolutismo centralizador francês, concebia a liberdade como uma exaltação de independência porque ela emergia num mundo de dependências. Seria, conforme formulamos sem saber no Brasil, uma liberdade muito mais para si do que para os outros. Do mesmo modo, Tocqueville fala de um "individualismo coletivo" por oposição a um "individualismo corporativo" (de "casta") e o individualismo propriamente dito o qual, ao lado do governo localizado, promoveria uma solidariedade impessoal e inibiria as indiferenças entre os politicamente iguais, como ocorria na América. Veja a luminosa introdução de Françoise Furet e Françoise Mélonio traduzida para o inglês do livro acima citado, publicada pela Chicago University Press, 1998.

purra" quando não da força, mas quando ela é governada pela visão igualitária do outro, leva a uma engenhosa e simples desigualdade transitória, na qual todos são atendidos pelo *momento de chegada*. Deste prisma, a fila segue a mesma lógica das aristocracias as quais se fundam no fato mítico de que o rei e a nobreza foram os primeiros a chegar, são os conquistadores-fundadores, seguem as regras fundacionais do sistema moral por sua conduta e caráter, e vieram do céu (ou do estrangeiro – "lá fora") onde residiam com os deuses ou os mais "adiantados".

Se o nosso primeiro problema, portanto, é discutir a fila como um dado costumeiro da modernidade e como um costume institucionalizado por essa modernidade, a nossa segunda questão é discutir como o ato de "entrar na fila" (ou de "pegar", "enfrentar", "encarar" ou "furar" uma fila como se diz rotineiramente) é vivido no Brasil. Um terceiro e último problema é discutir a fila como um *retorno* saudável e apolítico da hierarquia – uma dimensão humana pouco discutida e até mesmo desdenhado pela sociologia dominada por um pensamento político de extração utilitária e/ou utópica.

No caso em pauta, vale constatar que as sociedades modernas não são alinhadas apenas por dinheiro ou "poder" como se diz vulgarmente, mas por uma combinação complexa de elementos relacionados ao individualismo: meritocracia, competência, competição, conflitos múltiplos, mas também por "sobras" ou valores implícitos em velhas dimensões aristocráticas como a proximidade das origens, a bravura na guerra de conquista, a capacidade de promover fertilidade, os saberes ocultos da convivência justa e pacífica, e a proximidade ou descendência dos fundadores e dos ancestrais[18].

---

[18] No livro *German Ideology: From France to Germany and Back* (Chicago e Londres: The University of Chicago Press, 1994). Louis Dumont apresenta, na página 7, o que chama de "configuração individualista da modernidade". Seriam elas: (a) individualismo (por oposição a holismo) – a parte é mais importante que o todo; (b)

Estudamos a fila no Brasil, mas é preciso situar esse "brasil". A fila como um cordão ou uma cauda coordenada de pessoas ocorre num "Brasil" *territorializado* como mapa e como um estado-nacional. Como um *país* – com bandeira, hino, moeda, leis escritas e território soberano; e também num "Brasil" integrado por relacionamentos pessoais, comidas, músicas, rituais – por um conjunto complexo de costumes articulados numa língua que tiram do esquecimento traços e relações de um passado português escravocrata, aristocrático e patriarcal.

Uma ordem social na qual a hierarquia era uma *premissa cosmológic*a: um dado anterior ao sistema tal como ele era vivido e concebido. Um conjunto de instituições de base relacional e hierárquica, como tenho remarcado na minha obra, que funciona mais na base do *pertencer* e do aval indiscutível e constrangedor do *conhecer* do que no mérito e no cálculo de direitos individuais – num pragmático fazer; e não num jeito ou modo de ser.

Mas, para além disso, analisamos o encontro quase sempre conflituoso (mas inevitável) entre esses vários "Brasis" feitos e por-fazer, que mudam de curso e cara e se estabelecem como "reais" em situações e contextos diferenciados. Pois em certos

---

primado das relações entre os homens e as coisas por oposição ao das relações entre os homens; (c) distinção absoluta entre sujeito objeto (por contraste a oposições flutuantes); (d) segregação entre valores e acontecimentos ou fatos e conceitos (por oposição a sua indistinção ou associação próxima); e, finalmente (e) distribuição do conhecimento em planos e disciplinas independentes, homologas e homogêneas. Observo que Dumont conseguiu enxergar o que muitos descobriram como conjuntos dotados mais de mutualidade e possibilidade de transição ou englobamento pelo seu contrário do que de categorizações imperativas na linha clássica do Iluminismo ocidental. É dentro deste quadro de referência que estudamos a fila e o contraste entre igualdade e hierarquia no Brasil. Não seria preciso acentuar que a reação dos nossos sub-sociólogos a mestiçagem e ao hibridismo recai precisamente na impossibilidade de enxergar que, no caso brasileiro, um sistema de dominação no qual o Rei e a Corte vieram do centro para a periferia, bem como o modo maleável de lidar com as leis em favor dos amigos ou dos privilegiados pela burocracia e a centralização ibérica, tornou o elo entre igualdade e aristocracia, entre escravo e senhor muito mais complexo e difícil de segregar do que em outros lugares.

contextos, o *Brasil-sociedade* (cuja origem é aristocrática e relacional) engloba ou canibaliza o *Brasil-nação* (cuja origem é republicana) como ocorre no Carnaval, num funeral ou num almoço de domingo. Mas em outras conjunturas quando – por exemplo – se discute economia ou se faz uma manifestação popular, ocorre justo o oposto. Isso para não mencionar as situações nas quais esses "brasis" se misturam, se contradizem e se confundem, como acontece quando se busca critérios para definir o chamado "espaço público" o qual escapa da jaula racional das teorias do esfera pública construídas e teorizadas na Europa Ocidental e nos Estados Unidos[19].

O caso do futebol é um exemplo claro desse encontro entre um Brasil-sociedade representado pelo "futebol arte" – um estilo que Gilberto Freyre chamou de "dionisíaco" baseado no jogador malandro, inventivo e, no limite, destruidor de esquemas táticos (e de posições sociais preestabelecidas nas quais esses jogadores se encontravam); e um Brasil dito moderno, ordenado pelo hino, pela bandeira e pela camisa oficial, com o mínimo de ordem e de "disciplina tática" como se diz hoje em dia. Na vitória, esses "brasis" se interligam e se complementam – fundem-se! –, mas na derrota eles se separam e, como "sujeitos individuais", acusam-se um ao outro numa dialética negativa.

Como, perguntamos, essa prática de enfileirar-se, colocando-se anônima, voluntária e individualmente atrás de um desconhecido para uma espera teoricamente dinâmica e automática, na qual quem chega por último vai acabar biblicamente como pri-

---

[19] Confundir a velha coerção social ou moral durkheimiana com subjetividade, é não ter entendido Durkheim e Mauss. O Brasil, como qualquer outra coletividade não só tem razões que não conhecemos claramente, mas ele nos obriga a realizar ações paradoxais quando, por exemplo, numa guerra, transforma um crime como matar num dever, concedendo honrarias a quem assim procede. Ou nos obriga a pagar impostos sobre serviços e bens "públicos" que não são prestados.

meiro, ocorre numa sociedade onde as filas certamente existem, mas não fazem parte de uma ordem hegemonicamente igualitária e competitiva? Ou melhor, numa sociedade onde as filas marcavam posicionamentos subalternos ou sub-humanos (de escravos, como revela abundantemente a iconografia do século XIX) e faziam parte de uma ordem social cujo modelo e viés era, até 1889, oficialmente aristocrático?

Neste sistema, o que figurava na esfera pública era um conjunto de posicionamentos preestabelecidos, como nas falas do trono, nas procissões e festas religiosas, nos rituais de iniciação (funerais, batizados, formaturas, casamentos e aniversários); ou nas ritualizações do poder político como no beija-mão de D. João VI; ou, ainda, na diagramação espacial dos elos familiares, como naquela famosa gravura de Jean Baptiste Debret onde o primeiro da fila é o pai-dono-patrão de fraque e chapéu naval de duas pontas com sua elegante bengala-porrete no ombro direito; e o último, é um escravo adulto de fraque e cartola (tal como o patrão) e dois meninos estafetas ou "moleques de recado". Esses *escravos da casa* que serão os *"moleques e meninos da rua"* do Brasil da primeira metade do século XX e que vão se transformar nos ajudantes e soldados das quadrilhas de traficantes e os próprios chefes do tráfico de drogas deste nosso glorioso século XXI!

Em sistemas nos quais a fila é um reflexo de posicionamentos sociais indiscutíveis – o pai é servido primeiro, o bispo segue depois do santo padroeiro nas procissões, os carregadores são escravos, o professor vem antes do aluno, o velho do jovem e o homem da mulher – quem é, em suma, superior, nobre ou pessoa honrada, não espera[20].

---

[20] Para um elucidador estudo do elo entre fila e espera, com o objetivo de clarificar problemas de gerenciamento e marketing, usando uma visada antropológica, veja o ensaio de Everardo Rocha e Angela da Rocha, "A fila do sonho: um ensaio sobre o marketing e a antropologia da esperta no Brasil", VI Congresso Coppead/ UFRJ de Administração, Rio de Janeiro, 1997.

E quando esperam, como revela contundentemente a pesquisa de Alberto Junqueira, tomam o ato de aguardar como um descuido, um exceção ou uma ofensa – como um ultrajante "chá de cadeira". Pois o sistema tem como um dos seus axiomas que os "superiores" – as pessoas situadas numa posição superior por qualquer critério (e eles são numerosos no caso da sociedade brasileira), devem ser atendidos imediatamente[21].

Quando esse atendimento não ocorre num dado limite de tempo de espera, cabe o explosivo e antipático "Você sabe com quem está falando?" ou desculpas jeitosas (cf. DaMatta, 1979) ou a busca de um despachante o qual, como um "padrinho para baixo" ou um mediador para o lado podre ou vergonhoso do sistema, vai nos representar aguentando as desfeitas da impessoalidade e da espera que é, de fato, eu reitero, uma fugaz hierarquização para fins claros e imediatos[22].

---

[21] A família, a esposa, a amante ou os amigos serão atendidos sem nenhuma espera pelo presidente, dono, chefe, diretor, ou patrão, podendo até mesmo interromper a fila quando são reconhecidos e, diz-se que: "não precisam esperar!" porque – eis um outro lado do axioma – "sabemos quem são". Eles independem de reconhecimento individual porque "não precisam dizer quem são" – eles simplesmente "são"! – e, em muitas situações, seria imperdoável não saber quem são. O ato do reconhecimento coercitivo pode, assim, ultrapassar ou neutralizar prerrogativas oficiais ou protocolos regulares que ordenam a espera e a fila em certas circunstâncias. Não se trata de "deferência" ou de "boas maneiras", mas de um ritual de reconhecimento obrigatório e devido pela dinâmica da desigualdade que permeia o sistema como um todo. Às vezes, eles coincidem, as vezes se cruzam ou se contradizem quando, por exemplo, o presidente da República viaja com uma secretária particular no avião presidencial como clandestina. Ou quando uma pessoa se autoclassifica como superior porque tem um diploma, porque é "rica" ou "branca". Notei no meu estudo do "Você sabe com quem está falando?" (publicado em 1979) que essa multiplicidade de critérios de classificação social ultrapassava (e contextualizava, relativizando e anulando) o eixo lógico da economia, da religião e da política e que esse era um problema crítico na operação da igualdade requerida por um regime meritocrático e moderno no Brasil. Pois, no nosso caso, mesmo quando um critério é claramente estabelecido ele não é final. Dependendo da pessoa, sempre cabem recursos ou embargos.

[22] Ouvi de um bem-sucedido homem brasileiro de televisão que ele jamais havia pago e, por conseguinte, entrado numa fila de cinema. Bem-apessoado, bem-vestido

Tais reações ao tempo de espera e de atenção são exemplos do predomínio do todo sobre as partes. A roupa, as joias e adereços, o cheiro, a cor da pele, o "jeito" ou o modo de ser. Numa palavra: as relações que se congelam no cidadão fazendo com que ele deixe de ser visto como um *ninguém* – um ser ineludivelmente isolado e, por isso, digno de pena – para ser considerado como *alguém*: como uma entidade repleta de múltiplas relações pessoais. De tal modo que o ato de esperar se caracterizaria como um gesto de relativa animosidade e de não reconhecimento aos que devem ser atendidos com mais presteza e empenho. Uma posição, enfatizo, inseparável da categoria "boa aparência". Ao que se atribui e define como um *jeito de ser*. Uma expressão que a aponta para uma virtude (deve-se considerar primeiro o que a figura deve representar ou carrega com ela) para depois situá-la como um indivíduo-cidadão – um *outro com direitos* por contraste com um *outro desconhecido,* logo sujeito aos preconceitos engavetados na nossa vasta gama de prejuízos anti-igualitários inconscientes.

Coerentemente com isso, em qualquer aglomerado público, as zonas a serem livremente ocupadas estão *previamente* demarcadas e o espaço público acha-se permanentemente pautado. Um homem moreno de bermuda e sandália de dedo é percebido como alguém deslocado (e indigno) no espaço moderno de um aeroporto ou de um shopping. Esses espaços que, para o lado aristocrático do observador não é igual ao de uma rodoviária. Ofende-o um *abuso da igualdade* a qual, no aeroporto, deveria estar suficientemente regulada, mas não está. Daí a denúncia reveladora do seu justificado mal-estar. Um mal-estar que não é percebido como preconceito ou intolerância, mas

---

e sempre acompanhado de "gente importante" ele simplesmente entrava no cinema não tomando conhecimento do bilheteiro. Pelo sucesso de sua carreira, penso que até hoje ele tem a mesma conduta a qual lhe confirma uma inerente superioridade. Daí o nome "picareta" para tal tipo ideal. Os picaretas são os que vão além dos limites e picaretam a hierarquia e a igualdade a seu favor.

como um zelo virtuoso de uma nobreza que não pode existir *decentemente* em espaços desregulados ou de massa.

Pela mesma lógica, a praia é ocupada por grupos regulares que se apropriam e inibem o seu virtual, humilde e desnudado igualitarismo. Basta o olhar socialmente adequado ou acostumado a um mundo graduado para perceber de imediato quem está fora do lugar. Quem não sabe entrar na água ou sentar-se na areia. Todas essas etiquetas marcadoras da desigualdade como um valor são observadas na praia e o que nós, brasileiros, entendemos por "boa aparência" ou simplesmente "aparência" (ou *modo de ser*) é um valor fundamental, embora implícito ou escondido, na organização do espaço público moderno ou hipermoderno que em nenhum lugar chega a ser totalmente moderno.

Eis um conjunto de dimensões que escapam dos critérios normais de ordenação dos indivíduos do mundo ocidental como a vestimenta, o calçado, os gestos, a fala e a cor da pele. No Brasil, uma pessoa pode ser "esquisita" ou "desajeitada" para uns e ser aceita por outras. Teria isso vindo de um passado escravocrata no qual existiam várias categorias de escravos; uns mais próximos dos seus donos (os pajens) e os da casa, do que outros? De um sistema onde havia escravos dos quais seus donos dependiam para viver como os "escravos de ganho" que – tal como os taxistas de hoje – trabalhavam na rua para seus patrões?

O que acontece com tais sistemas, quando se estabelece que o atendimento em público *independe da fila* e se observa que a ordem de chegada e de espera nada garantem porque o foco da fila não é o *indivíduo-cidadão* dotado de autonomia como um típico transeunte, mas uma *pessoa* (uma entidade múltipla constituída por um feixe de relações[23]). No primeiro caso, ele

---

23 O que valoriza no caso da sociedade brasileira são as relações: *as pessoas com quem se pode contar*. Tais pessoas comungam da nossa subjetividade, sabem dos nossos segredos e nos devem favores. Contar mais ou menos corresponde a ser

(ou ela) é um mero *peão*, ou uma *pessoa humilde e pobre*: em suma, *inferior*, justamente porque é mais individualizado: tem menos "conhecimento" ou relações do que a *pessoa conhecida por todo mundo*. Conhecer e ser conhecido de todo mundo é um ideal no Brasil. Quem não é conhecido não existe ou não é, porque somente em parte supomos que agimos de dentro para fora; de modo racional, como pensavam os filósofos utilitaristas. Eu não existo porque atuo sobre o mundo do modo mais prático ou racional possível. Não! Eu sou atuado pelo mundo por meio do modo como as pessoas pensam com quem eu sou relacionado ou me relaciono. *Se não sou conhecido, não existo*. No Brasil, o outro não é ser um alternativo ou paralelo que comigo compartilha do mundo; ele é um ser complementar ou adicional a mim. Superior ou inferior, eu sei quem ele é e ele sabe quem eu sou. Essas premissas são básicas na dinâmica dos coletivos brasileiros.

Neste caso, a fila tenderia a distinguir quem seria atendido prontamente de quem pode esperar ou até mesmo ser protelado ou excluído. Na fila brasileira tradicional, um ministro terá precedência sobre o cidadão comum e o general sobre o soldado. Seria um absurdo que "ele" ou "ela" (*sendo o que e quem*

---

doador ou recebedor de mais (ou menos) favores e presentes. Esses são elos internos (e internalizados) que nem a morte termina. Já no caso francês e ocidental, em geral, fala-se num *capital social* – em algo que é *um recurso* externo ao indivíduo, mas por ele acumulado e possuído. A ideia é de aproximar economia e sociabilidade e desmascarar os aspectos coercitivos que, para um grupo de utilitaristas seria a razão da vida social. Aos seguidores de Bourdieu fica essa admoestação amistosa e antropológica: será preciso, em antropologia, estabelecer as fontes constitutivas desse "capital" pois o que não é capital no sistema capitalista? Dito isso, é preciso entender que o *jogo social* no Brasil jamais é jogado com base num *cálculo individual* num campo (ou mercado) que isola e individualiza, como teoriza Bourdieu, mas é realizado do *modo intersubjetivo*, num cálculo coletivo ou grupo, no qual *o que os outros vão dizer* é um dado capital no seu desenrolar. O problema no Brasil é como fazer com que relações inteiras fiquem do nosso lado!

são!) esperem na fila. Em outras palavras, experimentar ou *viver o anonimato e a impessoalidade* não fazem parte da gramática do nosso espaço público. Ou melhor, fazem parte mais como vivências desagradáveis do que como dimensões constitutivas de costumes associados à vida democrática. Mas – eis a questão – tudo se modifica quando um sistema monárquico transita para um regime republicano e faz surgir um espaço público oficialmente aberto. Um espaço generalizado como *rua*. Agora temos um campo pertencente a todos, mas cujo dono e responsável, entretanto, é o *governo*. A esfera pública, concebida como algo relativo ao povo (que na sociedade brasileira tem como dimensão definidora a carência e a pobreza e não direitos e deveres) apenas em parte, universaliza-se. Ela é efetivamente de todos, mas por ser *pública* quem dela deve cuidar é o *Estado* (ou o seu lado partidarizado e pessoalizado: o *governo*) e não nós que a usamos igualitariamente, mas debaixo de um viés claramente hierarquizado – sem a menor preocupação com os outros usuários que, do nosso ponto de vista, não seriam como nós[24].

Eis um paradoxo que certamente não ocorre nos Estados Unidos, Japão ou Suécia, mas é parte integral do espaço público brasileiro; pois, no Brasil, ele é parcialmente *possuído* por seus usuários. Em caso de dúvida, abuso ou discórdia, *chama-se* a autoridade porque – eis um exemplo trivial – os usuários de

---

[24] Quem chega com uma criança numa gangorra de um parque público, apropria-se regularmente do equipamento e, muitas vezes, abusando desse direito que é limitado pelo bom-senso, vira seu "dono". Nas academias de ginásticas a despreocupação com os outros chega às raias do perigo e do descaso. As pessoas simplesmente não têm noção do uso de aparelhos e do espaço de sua utilização em função dos outros. O mesmo pode ser dito nos cinemas, teatros, supermercados e escadas cujos espaços são apropriados por "donos" que jamais pensam que outras pessoas também os utilizam exatamente porque eles têm uma dimensão coletiva. As crianças, no Brasil, licenciam seus pais ou responsáveis para muitos comportamentos antissociais.

uma praça discordam sobre como ou por quanto tempo podem usar alguns dos seus equipamentos. O resultado é um dinamismo surpreendente o qual só pode ser resolvido pelo senso comum estabelecido como "boa vontade", "cooperação", "paciência", "boa educação" e outros conceitos situados acima dos indivíduos que usam tal espaço e que devem se ordenar numa fila como é trivial, mesmo em piscinas ou gangorras; restaurantes ou elevadores.

Que tipo de reação ocorre nas sociedades hierárquicas quando se inverte constitucional ou revolucionariamente essa ordem? Numa república, são os indivíduos que, como cidadãos independentes uns dos outros, constituem a totalidade; ou melhor as múltiplas totalidades nas quais todos devem *conviver*. No fundo, trata-se de como dar pertencimento ou cidadania a quem pertence ao "Brasil-sociedade" mas não fazem parte do "Brasil Estado-nacional" como o caso dos escravos. E, pela mesma lógica mas ao inverso, os "índios" que pertencem ao Brasil-nação, pois estão dentro do território nacional, mas não fazem parte do Brasil-sociedade não tendo (ou querendo) ter laços com ele.

Como é que essa fila baseada no posicionamento dinâmico de indivíduos autônomos e anônimos – *como uma verdadeira estrutura elementar da democracia* – é metabolizada ou canibalizada num sistema habituado, como o brasileiro, a uma ordenação prefixada, fundada em *desigualdades* para cima ou para baixo e não nas *diferenciações* entre iguais?

Este trabalho revela que neste nosso Brasil republicano e pós-moderno, *esperar*[25] numa fila ainda é algo desagradável e,

---

[25] A espera é uma dimensão básica da fila e será retomada algumas vezes neste trabalho. Como um mero princípio geral, já mencionado, pode-se dizer que espera mais quem é inferior, espera menos o igual, o íntimo ou o superior. Os que têm o privilégio de "entrar sem bater ou pedir licença", invadindo o espaço e rompendo

quase sempre, ofensivo. Quem se percebe como superior exige atenção imediata. E como todos são superiores, posto que a superioridade é sempre relativa a múltiplos critérios subjetivos e objetivos de classificação, há um sentimento de indizível mal--estar e até mesmo de recusa quando nos deparamos com a fila.

Nesse sentido, vale mencionar a velha piada que um americano, mas filho de um inglês moldado no mais acabado estilo britânico, gostava de contar na frente do pai. "Você sabe – dizia ele para mim com um sorriso malicioso – como se descobre um inglês? Fácil... Ele é descoberto porque, ao encontrar duas pessoas paradas uma atrás da outra, ele imediatamente forma uma fila!"

Já no Brasil, ficamos decepcionados, ansiosos ou até mesmo irritados quando nos deparamos com uma fila. A reação exprime a autovisão de que não merecemos uma espera; a qual cabe sempre aos outros. Vocês são feitos para a fila (e para a espera igualitária e subordinada), eu não! No Brasil, temos um problema com o tratamento impessoal e automático, denotativo de que seriamos *"pessoas comuns"*[26].

---

com as regras da etiqueta individualista e igualitária em nome da amizade, do sangue, ou do cargo. É óbvio que o tempo de espera equivale ao espaço ou distância a ser mantida entre as pessoas que atendem ou esperam na "sala de espera" ou na fila. Deste modo, o abraço, o andar abraçado entre homens mais velhos e de mesma posição social, é revelador de amizade e fidelidade – de uma conjunção ou união: intimidade que dissolve fronteiras psicológicas e pessoais quando pessoalizados se permitem viver um estado de plena interpendência, Neste caso, uma pessoa invade a outra e vice-versa. "Amigos do coração" ou "do peito" são assim concebidos.

[26] O leitor já deve ter testemunhado usuários xingando e brigando com as máquinas eletrônicas nos bancos porque elas não os atendiam de modo apropriado *do seu ponto de vista*. Observo isso todas as vezes que vou a bancos cuja clientela tem uma maioria de idosos ou de quem simplesmente não está habituado a usar máquinas. Outro dia, vi uma senhora enraivecida proferindo xingamentos contra o caixa eletrônico que não a atendia, como se ele fosse uma pessoa desatenta e ineficiente – um mau funcionário. Isso denuncia e revela o nosso problema com a impessoalidade que está relacionado a um não reconhecimento pessoal parte da vida urbana massificada e igualitária a qual é um lugar-comum disso que se chama "modernidade".

Tal como ocorre no trânsito, conforme demonstrei no meu livro *Fé em Deus e pé na tábua* (Rio de Janeiro: Rocco, 2010), essa reação revela uma alergia a situações igualitárias e a nossa saudade de um velho mundo hierarquizado no qual *todos sabiam com quem falavam*. Aquele universo dos nossos ancestrais e de algumas áreas de nosso sistema, pois as mudanças não são lineares e muito menos uniformes e gerais.

A busca nostálgica ou impaciente e irritada da hierarquia (mesmo numa hierarquia passageira como a da fila!) não nega a igualdade, do mesmo modo que o todo não nega a parte. A visão de longe é tão importante quanto a de perto; do mesmo modo que a totalização e a repartição ocorrem em situações imprevisíveis. Não se trata de dualidades mutuamente exclusivas, mas de modos pelos quais a realidade social, na sua extensão e densidade, se deixa rotinizar como um credo.

Conforme asseverou Tocqueville: uma sociedade de ordens ou uma sociedade de indivíduos "são como duas humanidades distintas, cada uma das quais tem suas vantagens e os seus inconvenientes particulares, os bens e os males que lhe são próprios". (*Democracia na América*, vol. II: Cap. VIII)

A surpresa causada pela experiência numa ordem igualitária, desponta na *experiência americana de brasileiros*, como foi o caso do escritor Érico Veríssimo que no livro, *A Volta do Gato Preto* (Livraria do Globo: Porto Alegre, 1957), diz na página 81, *flagrando uma fila* num vagão restaurante de um trem lotado nos Estados Unidos: "De quando em quando arriscamos uma excursão ao carro-restaurante, e temos de esperar durante dez, quinze ou vinte minutos na bicha (fila). *Essas bichas (filas) são um exemplo vivo da democracia norte-americana.* Se o soldado chega antes do cabo, o cabo antes do sargento e o sargento antes do capitão, não há nenhuma lei capaz de alterar essa ordem. *O oficial esperará a sua vez com a maior naturalidade, pois sabe que todos os cidadãos têm direitos iguais perante a constituição*

dos Estados Unidos e não será pelo fato de serem soldados que eles deixarão de ser cidadãos..." (ênfase agregada)
"Se todos tivessem a consciência de sua importância como indivíduos-cidadãos no Brasil, termina a reflexão do escritor, seriamos provavelmente um país diferente."

Eis a descoberta do igualitarismo americano dos anos quarenta do século passado por um brasileiro sensível às dissonâncias entre a cidadania que iguala sem subordinar e a subordinação costumeira (mas inconsciente, porque implícita) que distinguindo, sem assumir a desigualdade, engendra "igualdades" diversas e contraditórias no Brasil. Repetimos George Orwell sem querer e saber, pois se todos os animais são iguais uns são mais iguais que outros!

No início da segunda década do século XX, Monteiro Lobato anota, a partir de sua *experiência na fila de um cinema* em Nova York, o seguinte:

"Apesar de ter vindo um pouco cedo, tive de entrar na *cauda (fila)* – instituição americana mais respeitada que o próprio Deus da Bíblia. Não há polícia tomando conta dela e evitando que os chegados por último usurpem o lugar do que chegaram primeiro. A cauda (fila) forma-se por si, automaticamente, e defende-se por si mesma, também automaticamente. (...) Ai de quem tenta enfiar-se nela, em vez de procurar o fim e pacientemente esperar a sua vez!"

Monteiro Lobato não resiste a especulação: ele atribui a fila à disciplina e a consciência do coletivo dizendo que, sem ela, "a América não poderia funcionar". Comparando – como se deve fazer em antropologia – a fila americana com a de um cinema de elite paulista, o República na qual as pessoas se aglomeravam para ver um filme, ele diz: "O povo – e não era o povo baixo, antes a nata de São Paulo – comprimia-se diante dela (da bilheteria), esmaga-se, apisoava-se, cada qual procurando entrada antes dos outros, como se os bilhetes fossem salva-vidas dum navio a naufragar." (Monteiro Lobato, *América*, 1957, pp. 117-118)

Que o leitor me permita observar como Lobato, com uma rara sensibilidade sociológica, atina com a dialética básica do sistema americano apontando, em primeiro lugar, que a fila tem uma vida própria pois engendra suas próprias regras e coerções, seu próprio plano como é típico das instituições sociais que demandam certos tipos de comportamento. Em segundo lugar, o escritor tem plena consciência que a fila é uma decorrência dialética do individualismo e do igualitarismo vigentes nos Estados Unidos. Tal como viu Alexis de Tocqueville numa passagem já citada e capital do seu *Democracia na América*, Monteiro Lobato igualmente assinala que um mundo de iguais só pode operar se as associações – os clubes, os partidos e as *filas* forem honradas porque elas servem *também e sobretudo* às minorias e aos despossuídos. Todos são fracos, mas tornam-se fortes na medida em se associam e respeitam as normas dos mais diversos grupos por meio dos quais realizam sua vida coletiva. Todos são livres e iguais, mas sem a regra hierárquica do *quem primeiro chega é primeiro atendido*, haveria conflito e um eventual uso da força bruta. Ora, a fila – reitero – é uma instância aparentemente modesta e rotineira dessa associação de livres e iguais para algum propósito. Nela, revela-se como a liberdade que tudo permite (inclusive de liquidar a si mesma), deve ser contida pela consciência de que todos têm os mesmos direitos. Temos com a fila um exemplo dramático da etiqueta democrática – um testemunho crucial da democracia como uma visão de mundo – algo que em geral passa ao largo das análises políticas e econômicas.

O mesmo pode ser dito de Alceu Amoroso Lima que visitou o mesmo país em 1950 e, no seu livro *A Realidade Americana* (Rio de Janeiro: Agir, 1955), ficou impressionado pelo mesmo individualismo-igualitário – com suas qualidades e defeitos.

Nesses três admiráveis viajantes-observadores brasileiros, há a surpresa da ausência de separações entre casa e rua, entre lei e costume, entre o lado prático e o ideal da vida que os americanos até hoje ingenuamente leem como coerentes e reúnem num otimismo que contraria o temor clássico dos utilitaristas relativamente às paixões humanas agora livres para se manifestarem.

Introduzir a fila num meio onde ela denotava a inferioridade da ausência de reconhecimento, gera um óbvio descompasso entre expectativas aristocráticas e práticas sociais republicanas. Nesse sentido, a fila é um exemplo contundente de como o laço postulado por Montesquieu e perseguido por Tocqueville entre formas de governo (e regimes políticos) e cosmologias se relacionam. Elas derivam uma das outras ou entram em conflito?

Quem tem prioridade? A hierarquia que jaz na base das cosmologias aristocráticas presumivelmente ultrapassadas; ou a igualdade como um ideal democrático a ser seguido? Mas seguido até que ponto e medida?

Sabemos que Tocqueville lutou com essa questão e tinha plena consciência de que práticas igualitárias e aristocráticas são tipos ideais que, no desenrolar da vida coletiva atuam simultaneamente num hibridismo impossível de ser exorcizado, exceto analiticamente. Pois não há nenhum drama perfeito, como sabem os que estudaram rituais. Diferentemente dos mitos que são contados, imaginados, interpretados e decifrados, os ritos – como as peças teatrais – são produzidos (ou "realizados") num palco e estão sempre aquém dos seus enredos[27].

---

[27] Na opinião de um mestre da Antropologia Social: "Em suma, a oposição entre rito e mito é a oposição viver e pensar, e o ritual representa um abastardamento do pensamento, que se sujeita às servidões da vida" (Cf. Lévi-Strauss, *O Homem Nu: Mitológicas 4*, São Paulo: CosacNaify, 2011, p. 651). Como ocorre num rito carna-

Resta indicar que a igualdade e a hierarquia realizam, como diria Freud, um "trabalho". Ambos engendram e exigem certos cenários, atores e objetos. Uma ordem igualitária produz autonomia, individualismo, liberdade e *também*, como indicou pioneiramente Tocqueville, mediocridade, escolhas angustiantes, solidão, permanente reconstrução, preconceito e democracia. Já uma ordem hierárquica engendra superioridade, privilégio e múltiplas leis num tecido constituído de trocas recíprocas (o famoso dar-e-receber maussiano) que impedem a inibição ou o esquecimento de que vivemos individualmente e lembram a todo momento que nossas existências se fazem por *por meio de relações pessoais*. Mas ambas são, como foi mencionado por Tocqueville, modos de vivenciar a vida coletiva.

Em outras palavras, quando se passa de um sistema baseado na imutabilidade do "um lugar pra cada coisa e cada coisa em seu lugar", para uma coletividade republicana, institui-se um espaço público no qual, seja no palácio, no hospital, na delegacia, no banco, no restaurante, na rua, na praça e até mesmo em casa, o tempo de espera torna-se fluido e variável, dependendo não mais da pessoa com seus papéis investidos, mas na figura despida do cidadão que, no limite de uma negação instituída pela sociedade não teria sexo, idade ou posição social, pois a fila não pergunta quem é quem. Ela simplesmente se *forma* no pressuposto básico segundo o qual quem nela entra sabe como ela funciona e porque foi engendrada.

---

valesco, basta uma meia-máscara para transformar alguém num herói ou bandido; ou um toque de maquiagem para engendrar uma ponte entre homem e mulher. Seria isso um abastardamento ou um recurso permanente que os humanos usam para poderem enfrentar as desproporções inerentes às demandas das regras que eles próprios se impõem e à sua realização?

Nas democracias a fila não é uma finalidade, um modo de ritualizar ou dramatizar quem é quem: ela é um meio para um fim. É um instrumento para realizar alguma coisa entre iguais que se constroem como tendo os mesmos direitos. Ela existe porque seu ponto de partida é a premissa que seus atores são iguais entre si. Como há a impossibilidade de estabelecer precedências – exceto em casos extremos como numa emergência – as pessoas se enfileiram e aguardam pacientemente sua vez.

Trata-se de uma dinâmica na qual os primeiros passam a últimos (entregando o seu lugar); e, os últimos, transformam-se em primeiros (ganhando precedência). Tal como no esporte que também promove uma estratificação (ou gradação temporária) pela eficiência competitiva, vencedores e perdedores são relativos já que o primeiro de hoje pode ser o último de amanhã.

Pela mesma dinâmica, o último da fila é quem legitima o que está prestes a ser atendido. Sem o derrotado, não há o vencedor. Nela e com ela, pode-se interpretar as crises e derrotas como anomalias. Num sentido muito exagerado, mas sociologicamente concreto, a fila é um mecanismo de fuga, cura, compensação, testemunho, e prova nas cosmologias igualitárias. Elas legitimam os primeiros e mais ricos como vencedores, mesmo quando são meros espertalhões ou recebedores; e confortam os últimos e os mais fodidos com a crença de que têm de fato, alguma oportunidade de chegar em algum lugar.

Neste contexto, é impossível não mencionar que a burocracia, a qual orienta e legitima a dominação racional-legal (Weber, 2003: 128) típica da modernidade europeia, está orientada pela ordem de chegada, e que grande parte das situações de exercício da cidadania se definem por classificações impessoais (números de CPF, de matrículas, de cédulas de identidade etc...) e se concretiza em filas para votar ou para receber algum benefício do Estado como revela a pesquisa.

Em outras palavras, um sistema "fora do mundo e das suas injustiças sociais" compensa infindáveis diferenças, confirmando um cosmos no qual se nem todos são iguais perante a lei, todos são iguais diante da fila! A fila, com sua presença humilde tem mais força e mais capacidade de coerção do que letra abstrata da lei.

Entrando na fila

A fila é um fenômeno corriqueiro na vida cotidiana igualitária. Há filas nos bancos, nos órgãos públicos, nos consultórios médicos, nas universidades, nos teatros e estádios; há filas orientadas por listas ou *softwares* de computador; há filas que dão direito a benefícios, e outras que exigem algum tipo de prestação. Temos uma percepção tão banalizada da fila que a consideramos um fato habitual da vida em sociedade e não nos questionamos sobre o fato dela ser uma invenção sócio-política com uma história e, sobretudo, um profundo significado cosmológico.
Se a fila é uma invenção, como ela aconteceu? Quem a criou, e quando surgiu? Essas são questões que por não terem respostas sinalizam a relevância sociológica da fila e a sua importância como objeto de reflexão, pois mesmo não sabendo do seu "mito de origem", ainda assim a tratamos como algo "dado". Como uma instituição ordinária e rotineira; como uma *realidade concreta* – incontornável e impositiva. Quase sempre contrária à nossa vontade ou planos.

As primeiras pistas para desempacotar o sentido da fila estão nos verbetes "fila" e "fileira" dos dicionários:

fila[1] [fila]. *s.f.* (Do lat. *fila*, pl. de *filum*). **1**. Série de pessoas, animais ou objetos dispostos em linha recta, uns a seguir aos outros.

~ BICHA, FIEIRA, FILEIRA. (...) **fila indiana**, a que é formada por pessoas que seguem, ordenadamente, umas atrás das outras. **2.** Série de pessoas atrás umas das outras, de acordo com a ordem de chegada a um local onde se espera um transporte público, o atendimento de serviços... ~ BICHA. (...) **3.** Série disposta em linha recta. (...) **4.** *Mil.* Conjunto de dois ou mais soldados dispostos ao lado uns dos outros e voltados para a mesma frente. (...) **em fila**, *loc. adv.*, um após outro; um atrás do outro. (...) (ACADEMIA DE CIÊNCIAS DE LISBOA, 2001: 1745)

fila[1]. [Do fr. *file*] **s.f. 1.** V. *fileira*. **2.** Fileira de pessoas que se colocam umas atrás das outras, pela ordem cronológica de chegada a um ponto de embarque em veículos urbanos, a guichês ou a quaisquer estabelecimentos onde haja grande afluência de interessados. [Sin.: (bras.) *cobrinha*, (lus.) *bicha*.] **3.** *Álg. Mod.* Linha ou coluna de uma matriz. **4.** *Inform.* Estrutura de organização de dados na qual estes são recuperados na mesma ordem em que foram inseridos. [Pl.: *filas*. Cf. *fila* e *filas*, do v. *filar*.] ♦ **Fila indiana**. A que é formada de pessoas alinhadas uma atrás da outra. **Furar fila**. Bras. Numa fila, não respeitar a ordem de chegada ou de atendimento, passando à frente de quem teria o direito à vez. (FERREIRA; FERREIRA; ANJOS, 2009: 896)

fileira. [De fila[1] + *eira*.] **S. f.** Série de coisas, pessoas ou animais em linha reta; ala, linha, alinhamento, renque, fiada, enfiada, fileira, fila. ~ V. *fileiras*. (FERREIRA; FERREIRA; ANJOS, 2009: 897)

[1]**fila** *s.f.* (1540 CDP IV 288) **1** alinhamento de uma série de indivíduos ou objetos em sequência, de modo que um esteja imediatamente atrás do outro **1.1** sequência de pessoas dispostas de maneira alinhada pelos mais diversos critérios (ordem de chegada, altura etc.) e para os mais diversos objetivos <*para pagar as*

contas, enfrentou uma grande f. no banco> <os alunos formaram uma f. para a execução do hino nacional> **1.2** MIL grupo de soldados em fileira ♦ **f. de espera** B relação de nomes de indivíduos inscritos para conseguir algo cujas inscrições já estão completas, caso haja desistência de algum dos inscritos; lista de espera <você está na f. de espera para o próximo voo> ♦ **f. indiana** sequência (ger. de pessoas) em que cada componente está disposto quase simetricamente após outro <seguiram em f. indiana pelo atalho na mata> ♦ **em f.** sequencialmente, uma após a outra ♦ **furar f.** B. *infrm.* numa fila, passar a frente de outrem, desrespeitando-lhe a vez ♦ ETIM fr. *file* (a1464) 'sequência de pessoas ou coisas, uma atrás da outra, na mesma linha', regr. de fr. *filer* 'tomar forma de fio', do b.-lat. *filare* 'fazer em fio, dar forma de fio'; ver *fi(l)*-; f.hist. 1540 *filla* ♦ SIN/VAR ver sinonímia de *fileira* ♦ HOM *fila* (fl.filar) ♦ PAR *filá* (s.m.) (HOUAISS; VILLAR; FRANCO, 2001: 1340)

fileira *s.f.* (c1537-1583 FMPin V 20) **1** sequência de pessoas ou coisas dispostas uma após a outra; fila **2** série de assentos dispostos em linha reta <comprou duas cadeiras de pista na f. B> **3** CONSTR cada uma das peças de madeira sobre as quais estão dispostas as vigas de um telhado **4** MIL formação em que os militares, ger. de patente inferior, permanecem parados e dispostos de modo simétrico um ao lado do outro ♦ **fileiras** *s.f.pl.* MIL **5** as atividades, as funções militares ♦ **abrir fileiras** MIL aumentar a distância entre as fileiras duma formatura em linha ♦ ETIM ¹*fila* + -*eira*, prov. sob. infl. do fr. *filére* 'id.'; ver *fi(l)*-; f.hist. c1537-1583 *fileyra* ♦ SIN/VAR ala, alinhamento, bicha, carreira, correnteza, fiada, fila, renga, renque, série (HOUAISS; VILLAR; FRANCO, 2001: 1341)

A consulta aos dicionários revela importantes questões semânticas. Enquanto o termo "fila", nas suas raízes latina e francesa, refere-se a um fio, o sinônimo "bicha" e "cauda", que surgem nos textos citados de Érico Verissimo e Monteiro Lobato, reportam-se à forma cilíndrica e alongada de alguns répteis, tal como as serpentes.

A origem da palavra remete, portanto, a uma entidade viva e a um animal singular. Uma cobra ou um verme (a tênia – a bicha) cuja característica é a indistinção entre cabeça, corpo e membros. Além disso, tais animais são escorregadios e flexíveis, e seriam parasitários e rastejantes. São bichos cujo corpo não pode se afastar do chão, o que seria uma boa imagem para a fila vigente nas sociedades democráticas e igualitárias. Nelas, todos são cabeça, corpo e membros simultaneamente, contrariando o velho adágio de João Antonio Andreoti – o Antonil – um jesuíta italiano naturalizado brasileiro que escreveu em 1711 um livro fundamental, o primeiro que tratava da nossa economia. Nele. Antonil apontava que, no Brasil (tomado naturalmente como um sistema aristocrático e hierarquizado), "*os escravos eram os pés e as mãos do senhor*".

Eis uma figura de linguagem avessa às filas igualitárias e individualistas que levam ao rastejar e que, na sua flexibilidade, serpenteiam com rapidez deixando com que cada um dos seus membros seja visível mas – ao mesmo tempo – formem uma instituição viva, com normas próprias. Tal corpo sem distinções é muito diferente da imagem clássica de Antonil a qual pressupõe um sistema dividido em cabeça, tronco e membros, cada qual associado a um "estado" ou segmento social interdependente, típico dos sistemas holísticos e aristocráticos.

Na imagem da serpente, por contraste, revela-se uma indiferenciação entre as partes e todo o que seria um elemento perturbador nesses seres. Já na de Antonil, reitera-se a figura da sociedade como uma entidade hierárquica com cada parte ocupando o seu lugar e com um lugar para cada ordem social. Um universo no qual distingue-se imediatamente superiores e inferiores; ao passo que a figura da fila sugere animais rastejantes e a ênfase numa inferioridade constitutiva, razão pela qual a igualdade legal e ideal e suas práticas foram e continuam sendo aceitas com dificuldade e resistência em alguns lugares como o Brasil.

Ainda no plano semântico e cosmológico, vê-se que a língua portuguesa possui diversos significados para a fila. Primeiro porque ela pode se referir a pessoas, animais, objetos ou elementos num sistema o qual é o objeto de uma "teoria das filas" no campo da matemática e da probabilidade; em seguida, porque pode tratar de uma coletividade militar (as fileiras de um exército); finalmente e, em terceiro lugar, porque a fila se refere a um sistema cujo critério básico é o de ordem de chegada.

Num exercício de comparação que é crucial para a abordagem sócio-antropológica na qual o contraste (ou o pôr em relação) é central, a consulta a um dicionário de língua inglesa revela que o termo *queue* é o que mais se aproxima dos significados transcritos em português, ao passo que *line* tem uma grande extensão semântica, englobando muitos outros sentidos além de "fila"; e a palavra *row* está mais ligada à ideia de sequência, tanto em termos espaciais como temporais.

line[1] (...) **3** (...) a row of people or things next to each other (...) a row of people, cars etc that are waiting one behind the other (...).

queue[1] (...) **1** *BrE* a line of people waiting to enter a building, buy something etc, or a line of vehicles waiting to move (...). **2** *BrE* all the people who are waiting to have or get something (...).

queue[2] (...) **1** to form or join a line of people or vehicles waiting to do something or GO somewhere (...). **2** if people are queuing up to do something, they all want to do it very much (...).

row[1] (...) **1** a line of things or people next to each other (...) **2** a line of seats in a theater or cinema (...) **3** happening a number of times, one after the other (...) (LONGMAN DICTIONARY OF CONTEMPORARY ENGLISH, 2009: 1016, 1424, 1524)

Os verbetes transcritos acima colocam em evidência que, afora a ênfase no caráter espacial – isto é, o foco numa sequência de objetos que pode ser produto do acaso ou de fenômenos naturais – todas as demais definições tratam a fila como uma forma de organização exclusivamente humana. Como um artefato cultural vigente num mundo permeado de individualismo e competição regrada, como é o caso da Inglaterra e dos Estados Unidos.

Prova isso os escritos científicos fundadores (e confirmadores da visão de mundo utilitarista) de Charles Darwin, *A Origem das Espécies* (1859) e *A Origem do Homem e a Seleção Sexual* (1871) – essas Bíblias de nossa cosmologia. Embora escritos quando o Brasil era uma sociedade imperial, patriarcal e escravocrata, eles fazem menção a *fileiras de animais*, tais como formigas, como exemplos instintivos (ou naturais); e não como resultado de um pacto contratual ou de uma forma simbólica arbitrária.

De fato, não encontramos na natureza a fila como um modelo de organização em que há uma ordem definida pela primazia da chegada ou por outros critérios externos como o gênero, a idade ou o posicionamento social – dimensões fundadas em valores coletivos, discutíveis e conscientes porque há filas em que os mais jovens e as mulheres têm precedência e exclusividade. *Em outras palavras, animais fazem fileiras mas não sabem que fazem fila*. Entre eles a fila não é um método de organização externo, imposto de fora para dentro. Um critério previamente convencionado e, portanto, cultural, arbitrário, consciente, obrigatório e explícito, voltado para a regulação do acesso a alguma coisa.

Falamos em arbitrário porque não existe fila para tudo, mas somente para algumas coisas. E se não há fila para tudo, então onde e para o que não há fila? A resposta aparece quando passamos dos critérios naturais e utilitários para a dimensão cultural, simbólica e cosmológica. Em *casa* a fila não é uma exigência, pois a ordem de prestação de serviços e do uso dos equipamentos domésticos não é dada de modo igualitário e individual. Uma mulher não cozinha somente por obrigação, mas também por solidariedade e gosto – essas coisas que, cosmologicamente, fabricam a "mulher" no nosso sistema. Do mesmo modo, os filhos não são servidos à mesa numa ordem fixa com base na chegada à mesa ou sala de jantar, como num restaurante. De fato, no espaço hierarquizado da casa – um universo sacralizado e marcado pelas diferenças de gênero e geração (homem/mulher; adulto/criança, dentro/fora, gente da família/amigos e serviçais) – vive-se uma "informalidade" e uma intimidade cuja característica básica é uma intersubjetividade que as vezes acentua e, ao mesmo tempo, dispensa as etiquetas individuais, bem como outros elementos que marcam o universo igualitário e individualizado da *rua*.

Na casa, os circuitos de reciprocidade e o saldo de dívidas, como disse Marshall Sahlins num trabalho clássico, são longos: os filhos não pagam aos pais suas "dívidas escolares" quando se tornam adultos[28]. Seria um absurdo e uma contrariedade aos papéis de pai e mãe, cobrar as refeições ou os sacrifícios das horas de trabalho feitos pelo futuro de sua prole. A ausência de pagamento imediato, como acontece num restaurante, é o que marca a refeição na casa, por absoluto contraste com o que ocorre num restaurante ou na mesa de pessoas desconhecidas e superiores, onde a retribuição ou a sua humilde ausência de-

---

[28] Cf. Sahlins, "On the Sociology of Primitive Exchange", ensaio publicado no livro *The Relevance of Models for Social Anthropology*, A.A.A. Monographs I, Londres: Tavistock Publications; Nova York, 1965.

fine as dívidas calculadas quase sempre com precisão por cada "favor" recebido. Eis por que nem tudo pode ser comprado nem mesmo no capitalismo. Há objetos, objetivos e sensações que vão além das temporalidades rotineiras e conscientes e exigem mais do que o ciclo curto e fugaz do dinheiro.

É somente quando a *rua penetra a casa*, com seus hábitos mais igualitários, que a morada começa a usar um código no qual todos têm o direito à diferença e, consequentemente, consultam uns aos outros quando se movimentam, entram em certos espaços, servem-se de comida ou bebida ou usam certos objetos. *Ser de uma casa* é ser marcado por "substâncias comuns" bem delimitadas: *carne* e *sangue* as quais têm *um nome de família* que a todos pertence e que têm em si a capacidade de ser dono de todos, delimitando seus limites ou totalidade. O nome é usado como um emblema, para fora. Mas ele é igualmente um sinal de uma comunhão numa substância comum que atua também de dentro para fora. Ele situa o indivíduo-no-grupo e o grupo-no-indivíduo, promovendo ou subtraindo desejos, direitos, obrigações morais e autonomias. E, assim fazendo, transforma esse ninguém em alguém.

Esse pertencimento singular, não escolhido e comunal, pois como membros de uma família *somos feitos pelos nossos pais* e *fazemos nossos filhos*, legitima o direito de dispor de certos espaços, utensílios e de receber certos serviços "naturalmente" – sem precisar esperar, pedir ou pagar. No Brasil, comumente chamamos esse pertencimento à casa e à família de um laço "de berço", "de sangue" "de índole". É esse laço cósmico e indestrutível que, guardando os limites do bom-senso ou, como falamos coloquialmente, da *boa educação*, gerencia a espera ou as eventuais filas familiares. Na rua, porém, conforme já vimos, há filas para tudo.

Mencionamos as fileiras das sociedades tribais. Mas com um outro pressuposto social porque, em tribo (como em família), as relações são mais importantes do que os indivíduos de modo que ninguém precisa de uma fila para obter algo que necessita. A sua necessidade é parte do todo: os homens e os mais velhos, *naturalmente* entram nos primeiros lugares, mas não há, é preciso enfatizar, um último posto já que ninguém está no grupo ou fora, exceto visitantes, escravos ou servidores.

Haveria fila no plano religioso? A *Bíblia* não a menciona; tampouco o faz um marco do espiritismo brasileiro o livro *Nosso Lar*, de Chico Xavier (1996). O verbete também não é encontrado em dicionários sobre o tema, como o *Dicionário da Mitologia Grega* (GUIMARÃES, 1993), o *Dicionário Mítico-etimológico da Mitologia Grega* (BRANDÃO, 1991), o *Dicionário da Mitologia Grega e Romana* (GRIMAL, 1993), o *Dicionário das Mitologias Europeias e Orientais* e o *Dicionário da Mitologia Latina* (SPALDING, 1973 e 1982), ou o *Dicionário do Folclore Brasileiro* (CASCUDO, 1984).

Mas nas representações teatrais do "outro mundo" pelo cinema americano existem filas, promoções por valor e anjos da guarda de primeira e segunda classe, apreciados pelo seu mérito, pelo menos, até 1946, quando o filme de Frank Capra, *It's a Wonderful Life* (*A felicidade não se compra*), foi visto nas telas.

Certamente existem filas em todo lugar, mas a fila contemporânea – essa estrutura elementar da democracia – remete a igualdade e a uniformidade. O humilde ato de "perfilar" ou de se conformar a entrar numa fila é algo indispensável ao mundo que a democracia inventou como um estilo de vida.

Esse é, pois, o nível de igualdade mais trivial e recorrente nas democracias liberais contemporâneas, esses sistemas que não operam sobre uma concepção de igualdade absoluta ou substantiva – refletida num ideal utópico de "igualdade de todos em tudo" – mas sobre a noção de uma igualdade perante a lei. Uma *isonomia idealizada e, por isso, desejada* em espaços coletivos (corredores, escadas, passagens, portas, balcões, bancos de jardim, praias etc...) e obrigatória nos espaços definidos como públicos.

Este é, sem dúvida, o tipo específico de igualdade fundamentada pelo individualismo como *uma cosmologia ou ideologia* (no sentido de Louis Dumont) dos regimes democráticos. Um modo de coexistir cujo centro é a igualdade de condições – a garantia de que as mesmas regras do jogo valem para todos, deixando a cargo de cada cidadão-participante estabelecer prioridades, de acordo com seus interesses e em certas condições e contextos, dentro de uma demanda não explícita, mas onipresente de uma igualdade fundacional. Algo que não é serenamente aplicável mesmo neste nível organizatório mais fundamental, pois a fila produz reações e irritações.

Mesmo neste ambiente de plena igualdade, hierarquiza-se. Quando, por exemplo, um cadeirante entra prioritariamente num transporte; ou quando um homem ou um jovem cede a passagem a uma mulher ou a uma criança, atrasando deliberadamente o sua trajetória. O esperar ou o adiantar resultam de uma igualdade generalizada, conduzindo a um ajuste permanente entre o que cada qual deseja fazer dentro de certos espaços e contextos, mas mesmo assim existem contextos nos quais o ordenamento que nada tem com aquele contexto interferem no princípio do "primeiro a chegar, primeiro a ser atendido (ou sair, descer, comprar, pagar etc..."

O sentimento do *"bem-estar comum"* nada mais seria do que uma regulagem isonômica de todos, reconstruindo e descontruindo rotinas por meio de um pressuposto igualitário que, em princípio, seria apodítico: não requer demonstração ou justificativa. Por isso é preciso desigualar para igualar-se e aí reside a eficiência ou o fracasso da vivência igualitária em regimes democráticos.

Pois a cidadania é, como disse um de nós, em 1985, no livro *A Casa & a Rua*, antes de qualquer coisa um *papel social* a ser desempenhado (ou recusado) num palco igualitário. Lida como um estilo de vida e não apenas como um regime político ou uma resultante do capitalismo, a democracia requer uma

FILA E DEMOCRACIA

visão na qual a esfera coletiva seja administrada em paralelo com os projetos pessoais. Ela, por isso mesmo, demanda uma supressão e um controle da superioridade, da celebrização e do sucesso os quais promovem um retorno da diferença como reencarnações da hierarquia. Esse abandono dos sinais de classe, cor ou vestes que distinguem o superior e o inferior devem ser conscientemente trabalhados e inibidos neste universo no qual todos devem "*entrar na fila*". Eis numa cápsula, um dos problemas centrais da prática igualitária.

Com regras homogêneas, o que muda no jogo é a agenda (ou estratégia) de cada jogador. Alguns enfrentam horas de fila por uma oportunidade de trabalho, enquanto outros empregam tempo igual ou maior numa fila de um *show* ou de lançamento de um novo produto.

Em 25 de setembro de 2010, o jornal *Folha de S. Paulo* noticiava a espera de dezenas de chineses por até 24 horas numa fila, para serem os primeiros a comprar o iPhone 4: "'É como uma festa', disse Yu Zhonghui, agora festivamente celebrizado como o primeiro da fila em Pequim, onde esperou pacientemente a vez desde as cinco da manhã de sexta-feira conforme noticiou o jornal *Global Times*". Já o *Daily Mail* de 21 de setembro de 2011, noticiava que 1.200 ingleses esperaram até três horas numa fila para economizar pouco menos de 4 libras esterlinas no tradicional *fish and chips*, graças a um evento promocional de aniversário de uma lanchonete em Manchester.

Filas emblemáticas como estas – em que pessoas madrugam para, em compensação, serem *as primeiras* a adquirir produtos que dentro de poucas semanas vão estar disponíveis em cada esquina e para qualquer consumidor – abrem questões importantes. São, sem dúvida, celebrações de igualdade que transformam um rastejante e humilde filante numa celebridade. Elas revelam um lado oculto da igualdade quando mostram que todos têm as mesmas oportunidades mas, na "*vida real*" existem poucos ganhadores. O sistema é igualitário mas nem por isso suprime vencedores e perdedores ou uma *estratificação*. Temos aí, um caso no qual a igualdade engendra a desigualdade; o mercado livre gera monopólios; o sistema político, aberto eleitoralmente, cria clãs e eventuais déspotas, e partidos claramente totalitários.

Eis um conjunto paradoxal e, sem dúvida perturbador do capitalismo liberal que o estudo da fila deixa perceber. Mas não se pode esquecer que o primeiro da fila será o último. Se não houver esse movimento não haveria fila, pois ela depende de uma competição pela ordem de chegada e a expectativa de atendimento. Por isso as filas dos países socialistas são justamente as maiores. A combinação de celebrização, de ser o primeiro, de comprar o mais novo e de ser atendido – em suma: a ganância dos velhos utilitaristas – é que forma o cerne e a motivação de certas filas, senão de todas as filas...

De toda forma, parece claro que a ordem de chegada numa fila representa de modo vivo a igualdade formal – o elemento democrático estrutural. O cidadão que chega a uma fila e ocupa um lugar, atrás de A, e à frente de C, sabe – e confia – que sua espera terminará imediatamente após o atendimento de A, e imediatamente antes do de C. A fila, como o regime democrático, garante um tratamento idêntico a todos. Por isso falamos em algo que pouco se percebe: o fato de que a fila tem seu próprio plano e normas que, como viu Monteiro Lobato – normalmente – independem do anseio de seus usuários.

O chamado "respeito a fila" exprime tal coerção que é tanto maior e mais eloquente quanto mais precioso for o objetivo da espera. Filas conspícuas e trabalhosas como as que ocorrem para assistir a um filme especial, a uma partida esportiva, para ouvir uma banda ou comprar um objeto que logo vai estar ao alcance de todos, são muito mais rigorosas do que as bichas instrumentais que têm um propósito prático explícito e se destinam a garantir a subsistência, o sustento, a educação, o transporte, a segurança, a educação ou a saúde.

Como foi observado, a onipresença da fila tende a torná-la invisível como uma importante prática democrática. Daí ela ser um tema ausente dos estudos sociológicos e políticos voltados para as questões dos sistemas no quais o poder é aberto e competitivo. Testemunha isso, por exemplo, o verbete *queue* na *International Encyclopedia of the Social Sciences* (Sills, 1968) o qual trata o tema apenas sob uma ótica estatístico-probabilística (isto é, do ponto de vista da "teoria das filas"), ao passo que os verbetes *line* e *row*, sequer são incluídos na mesma obra. O mesmo ocorre com *Dicionário de Ciências Sociais* (Silva, 1987) no qual o verbete fila simplesmente não existe.

Os poucos estudos realizados sobre a fila são os de caráter psicológico como os de Mann, 1969 e Czwartosz, 1988. Como compensação, Fábio Iglesias, talvez por ser um pesquisador brasileiro, interessou-se pela fila como um objeto de reflexão psicológica. Ele observa:

> O *Dicionário da Língua Portuguesa* oferece uma definição de fila que contempla aqueles seus aspectos que são negligenciados em psicologia *e nas ciências sociais de modo geral.* (...) Em primeiro lugar, o dicionário aponta que *filas de espera são presenciais, constituídas por pessoas que exibem comportamentos de fato*, não meramente numa forma passiva de espera, que têm características e diferenças individuais, cujas possibilidades de análise se perdem ao se tratar a fila como uma mera expressão de uma função aritmética. Esse aspecto inclui também a ideia de que filas presenciais *ocorrem em algum ambiente específico, como organizações espaciais concretas e sujeitas, portanto, a uma série de variáveis situacionais imediatas* e não somente como concei-

to abstrato de representação de pessoas esperando por atendimento. Um segundo *aspecto refere-se à necessidade de se estudar normas sociais nesse tipo de organização*, visto que, como na definição, filas geralmente se formam de modo a priorizar o atendimento de seus usuários pela ordem de chegada. *Raramente esse tipo de regra é explícita ou prevista legalmente*, embora haja leis que garantam prioridade para casos especiais, *de modo que os comportamentos em fila são muito mais regulados por normas socialmente compartilhadas*. Essas normas dependem mais uma vez de variáveis situacionais, do grau de relação e conhecimento que os usuários mantêm entre si, de aspectos culturais de ordem maior e de questões relacionadas à justiça e atribuição de causalidade. Finalmente, a definição do dicionário destaca a situação de grande afluência de interessados, o que já define as condições para o surgimento de qualquer fila. Demanda maior que a oferta é a melhor expressão para descrever a necessidade de se organizar pessoas em espera por atendimento, já que a fila surge necessariamente quando não há como suprir num mesmo momento a necessidade de todos os interessados. (Iglesias, 2007: pp. 27-28 – os grifos são nossos).

Tais intuições confirmam como a fila exibe uma forma institucionalizada ou permanente de sociabilidade a qual é típica da vida moderna, dando aos seus membros acesso a recursos específicos que dela dependem. A adoção da fila como forma de organização nos diversos contextos sociais do mundo público e até mesmo em algumas situações da vida íntima ou doméstica, sugere que ela exprime um viés fundamentalmente igualitário, mesmo quando o contexto é fortemente hierárquico como uma casa brasileira[29].

---

[29] Um dos autores foi criado numa casa ao lado de cinco irmãos e o pai – seis homens – os quais dividiam um banheiro com mais três mulheres (uma avó, a mãe, a irmã do pai e uma irmã). Obviamente todos viam-se obrigados a "esperar por sua

Ou seja, a fila coage no sentido de uma igualdade ideal de oportunidade, pois todo lugar na fila é formalmente paritário e as regras definidoras da sua formação são imparciais. Elas salientam a ordem de chegada como um direito. Hierarquizam por oportunidade ou aleatoriamente e assim permitem uma plena e profunda vivência igualitária.

---

vez" e isso operava nos moldes de uma fila pública. Com a diferença que não havia nenhuma rigidez formal porque os critérios igualitários e hierárquicos mudavam de acordo com as pessoas, suas agendas e suas premências fisiológicas.

Esperando na fila

Logo que o projeto foi concebido, surgiu uma questão. Era evidente que não seria possível examinar o "esperar" ou "entrar" em todas as filas existentes no Rio de Janeiro e no Brasil! Claro que tal despropósito não foi considerado, mas estávamos conscientes que quando um pesquisador social estuda um fenômeno corrente em sua sociedade – um fato ou instituição experimentado por todos – levanta-se sempre uma questão crucial: qual é a representatividade dos seus dados? Seriam eles suficientes? Ou seriam apenas instâncias episódicas, acidentais ou marginais do que foi investigado? Um dos autores deste trabalho se viu as voltas com tais objeções quanto investigou o Carnaval no Brasil. Não estaria ele falando apenas dos carnavais que conheceu ou viveu? Uma pesquisadora de renome o admoestou: você não acha, aventou ela, certamente inconsciente do seu hipernominalismo, que para se ter uma "teoria do Carnaval" teríamos que investigar *todos* os carnavais do Brasil?

Ora, neste caso, Tocqueville jamais poderia falar de democracia porque da perspectiva de um pensamento tipológico e nominalista, ele só estudou uma democracia: a democracia *na* (ou *da*) América. Ocorre, contudo, que, àquela época só existia democracia justamente na América visitada por Tocqueville! Como então resolver o assunto?

Ver todas as filas ou vez apenas uma ou algumas? Lembro que o velho e esquecido mestre Émile Durkheim dizia nas suas *Regras do Método Sociológico*, escritas em 1895, que basta uma experiência bem realizada para dela deduzir-se um princípio. No caso do Carnaval, um de nós respondeu que o Carnaval é uma "folia" apenas para o senso comum. Tomado como um ritual, ele se caracteriza por reverter as rotinas e categorias do mundo diário – começando pelo trabalho como estigma, castigo e obrigação. Neste sentido, o Carnaval seria parte de uma modalidade de ritual na qual o *inverter* e não o *reforçar* ou o *neutralizar* (esses primos do *legitimar*) seria o seu princípio central. A questão não era simplesmente a dualidade ritual/rotina que, conforme aprendemos com Claude Lévi-Strauss, dá sentido ao mundo e é ao mesmo tempo parte deste mundo. O básico é o princípio que os ordena e até mesmo os explica como um sintoma – um relâmpago de um pedaço oculto da realidade que o ritual põe em foco. De fato, a ocorrência do Carnaval com suas inversões que conduzem a maluquice de um igualitarismo avassalador pois, entre outras coisas, ele usa e abusa do "desfile", da competição e do direito a se diferenciar, denuncia um sistema autoconsciente e convencido do seu autoritarismo, dos seus preconceitos e de suas ordenações.

O Carnaval tem, pois, um lado legitimador da hierarquia porque, como diz o povo (e o poeta) na sua profunda intuição, é preciso um momento de relaxamento para a vida dura de trabalho (equacionado não ao dever ou ao chamado, mas ao sofrimento) que os pobres enfrentam durante todo o ano. Neste sentido, é a desordem como regra que aproxima o carnaval das orgias romanas e de escritores como Rabelais ou Jorge Amado, de cineastas como Buñuel e de pintores como René Magritte. Se todo o sistema subsiste equilibrando a parte e o todo, o contínuo e o descontínuo como ensinou Lévi-Strauss, no Carnaval certas partes a serem escondidas são postas em foco e exageradamente apresentadas. Inverte-se, então o cotidiano com suas plausibilidades.

Teríamos então Carnaval e carnavais. Se o sistema for rotineiramente igualitário, o seu "carnaval" será hierárquico como ocorre no Mardi Gras de New Orleans. Na América dos "livre e iguais" o Mardi Gras e as orgias sensuais que, na América têm "coaches" ou instrutores, hierarquizam. Mas se a sociedade é hierarquizada, como é o caso do Brasil, a licença cósmica é produzida por uma desmedida retórica de igualdade.

Não se trata de uma simples oposição formal entre *ordem e desordem*, como manda uma sociologia ingênua e formalista, mas de descobrir o que constitui a "ordem" ou a "desordem" no sistema estudado. No caso americano, o Carnaval ritualiza a hierarquia que é reprimida num cotidiano legal e cosmicamente igualitário. Em New Orleans, estabelecer gradações e exclusões (como ocorre também no racismo lido com o horror das aberrações, mas onipresente no sistema) é deixar de lado o credo igualitário para inventar o eixo carnavalesco. Mas no Rio de Janeiro, e no Brasil em geral, o que permite vivenciar a licença e a desordem alegre, infantil, regressiva e pecaminosa é deixar que os pobres desfilem fantasiados de deuses sendo vistos, esperados e aplaudidos pelos ricos e pelas autoridades que, por suposto e fato, não são mais o povo ou do povo.

Entre nós, trata-se também de dramatizar sem penalidades, a transposição do fosso que separa o masculino do feminino. Não se trata de fazer uma taxonomia dos rituais, como queriam os funcionalistas, mas de descobrir os princípios cósmicos que permitiria descobrir o seu significado conforme um de nós tentou demonstrar em *Carnavais, Malandros e Heróis*, em 1979.

O mesmo vale para o estudo das filas cuja finalidade é ordenar um grupo de cidadãos que – *na fila e em fila* – gozam dos mesmos direitos e deveres. Como ordenar iguais se o "pôr em ordem" tem como elemento subjacente uma totalidade, uma espera coercitiva e, no fundo, uma gradação a qual trás à tona a hierarquia que o igualitarismo rejeita ou aceita apenas como um hóspede não convidado?

O que aqui se pretende não é escrever uma Bíblia, mas simplesmente chamar atenção para o fato que a fila exprime certos valores e que nela há dimensões significativas da democracia como um fenômeno político mas sobretudo como uma visão de mundo. A fila coloca em contato aquelas duas humanidades – a das castas e ordens e a dos indivíduos-cidadãos – mencionados por Tocqueville. Seu estudo obriga a pensar que a democracia é *também um estilo de vida e uma cosmologia* tanto quanto um regime político e econômico.

Ao lado, porém, dessa questão, existem particularidades locais, semelhantes aos sotaques de uma mesma língua, caso elas não fossem reveladoras de tensões e até mesmo de paradoxos e contradições que encontramos *nas filas tal como elas se fazem no Brasil.*

Neste sentido, não seria preciso entrar em todas as filas ou estudar apenas uma fila. O que vale aqui é extrair das variedades das filas observadas o seu sentido dentro de um quadro articulado de expectativas.

Na pesquisa, os relatos e interpretações dos informantes não são tomados como expressões fiéis ou absolutas da realidade. Elas são analisadas como experiências vivas e legítimas sobre o ato de esperar na fila. Todas trazem consigo a enorme carga valorativa dos informantes, mas, ao lado desse viés, elas também *exprimem* uma vivência significativa do mundo público brasileiro.

Quanto à escolha dos campos de pesquisa, a opção original era por filas "espontâneas", que se formam natural e imediatamente, para o acesso a algum recurso (como, por exemplo, a fila de um supermercado), em contraste com as filas em que há agendamento do dia e da hora de atendimento ou as etiquetas que estampam o número de chegada (as famosas senhas). Entretanto essas filas, por sua rapidez, oferecem pouco tempo para a observação participante e limitam o exame mais detalhado de comportamentos individuais. Embora nelas também se observasse uma impaciência de raiz e um nervosismo contido de quem espera porque, como já foi dito, esperar é, na nossa sociedade, um sinal de desconsideração e inferioridade social.

Como toda fila tem singularidades, as entrevistas, assim como a observação esparsa de muitas outras filas, prestaram-se a desvendar suas semelhanças e diferenças, bem como a esclarecer dados que não seriam evidentes, ou sequer observados em cada caso.

Por fim, há uma questão importantíssima: o projeto incluía a coleta de dados socioculturais e econômicos das pessoas que formavam as filas. Assim, diversos indicadores sociais como gênero, geração, escolaridade, autoclassificação étnica, nacionalidade, classe social, renda, foram colhidos. Mas a análise de tais variáveis se mostrou irrelevante, pois o dado surpreendente foi o seguinte: as opiniões sobre a fila escapam dos mais diversos tipos de estratificação socioeconômica rotineira. A fila claramente independente dessas variáveis, mostrando ser uma instituição que reduz seus membros a um mínimo denominador comum que é, de fato, o ato de *esperar a sua vez* que emparelha num igualitarismo destilando todos os seus componentes.

Isso confirma, no plano antropológico, os resultados obtidos por Iglesias (2007:121). Ele, tal como nós, também constatou que gênero e idade e até mesmo o infraestrutural e supostamente determinante nível socioeconômico, mostrou-se pouco significativo na fila. No caso brasileiro, conhecer ou ser parente do operador do sistema da fila (o distribuidor de senhas, por exemplo) é muito mais importante do que ser rico, branco ou poderoso. Ou seja: os critérios da fila são mais muito mais subjetivos e contextuais do que se presume. Mesmo tendo regras básicas rígidas e conhecidas, baseadas no "*quem chega primeiro, primeiro será atendido*", a fila no Brasil está sujeita a variáveis pessoais que podem emergir em certas situações provocando nervosismo ou revolta aberta.

Por outro lado, as impressões sobre a fila, revelaram-se surpreendentemente universais no sentido de que conjuntos de respostas e reações afins não se restringiram a nenhum grupo social específico.

As filas da fila

As entrevistas presenciais, realizadas no momento em que o informante estava na fila, basearam-se em seis questões abertas de modo a não impedir que os entrevistados excedessem os limites das perguntas e contassem histórias, experiências pessoais e dramas vividos na fila. O mesmo ocorreu com os questionários enviados por meio eletrônico (e-mail).

Tomadas um conjunto, 40 informantes foram questionados sobre os seguintes pontos:
1. *O que vem à sua cabeça quando você ouve a palavra "fila", ou quando entra numa fila?*
2. *Você tem alguma história interessante sobre fila? Se tiver, conte.*
3. *A fila é justa? Você gosta de entrar em fila?*
4. *Você enxerga alguma diferença entre as diversas filas que frequenta? Quais?*
5. *Quais são a melhor e a pior fila em que você já entrou? E a mais estranha?*

As respostas formam dois grupos. As três primeiras perguntas intensificam lembranças e atingem uma grande diversidade de experiências. Elas também explicitam os dramas e conflitos vividos pelos informantes.

Já as respostas às três últimas perguntas estimulam opiniões sobre características gerais das filas, colocando-as numa perspectiva mais universal. Essas respostas que, no fundo, classificam tipos específicos de filas, ajudam a mapear uma "fila da fila".

Modalidades de fila

Muitas filas foram frequentadas nos meses da pesquisa. Elas vão das filas de restaurantes, lanchonetes, estacionamentos, cinemas, de exibições em museus e centros culturais, às das agências de viagem, rodoviárias, aeroportos, bancos, serviços de atendimento ao cliente, laboratórios de exames clínicos, sem esquecer as das agências da Previdência Social, supermercados e outros estabelecimentos comerciais, agências dos Correios, estações de metrô, pontos de ônibus, e dos rotineiros e enervantes engarrafamentos.

Nem o nervosismo, porém, nem mesmo a irritação tiram da fila o seu caráter ordeiro. Elas revelam o nível de internalização do igualitarismo porque, embora fazendo caras e bocas reveladoras de impaciência, todos esperam e, mais que isso, estão conformados com essa espera. É exatamente essa percepção que leva a minoria absoluta dos entrevistados *a afirmar não ver diferenças entre as filas* que eventualmente "pega" ou frequenta.

Deste modo, eles dizem:

- "Elas têm algo em comum, pelo menos as que eu frequento (banco, passaporte, metrô)."
- "São democráticas. Todo mundo tem que entrar."
- "Não vejo diferença nas filas. O tamanho delas depende da disponibilidade de horário."
- "A essência é sempre a mesma: espere sua vez para usufruir (ou receber) o recurso escasso."
- "As filas são sempre a mesma coisa. O público e o objetivo da fila geralmente margeiam os diálogos ou conversas que ocorrem durante a fila."

A observação direta confirma a semelhança das filas, mas também mostra suas diferenças. Como revela mais detidamente um informante:

> Há diferenças na duração da fila, dependendo do motivo da espera (banco, elevador etc.); na organização: as filas como as de banco são mais organizadas que filas de elevador, de bilheterias em estádios ou pontos de ônibus. E a forma da fila (alguns órgãos disponibilizam senha, de modo que se forma uma "fila indiana". Alguns restaurantes, por exemplo, disponibilizam *pagers* que avisam quando chega a sua vez. Não sei se isso entra no conceito fila para fins do seu trabalho, mas eu considero isso fila.

Os discursos que falam dessas diferenças, distribuíram-se em quatro grupos de oposições:
1. A da justiça versus injustiça;
2. A da organização versus desorganização;
3. A da rapidez versus demora;
4. A da obrigação versus opção.

A maioria dos entrevistados respondeu às questões com foco em apenas um deles, como se fosse a espinha dorsal de suas preocupações sobre a fila. Foram poucos os informantes que transitaram entre todos os temas de maneira consistente.

Há justiça na fila?

A imensa maioria dos entrevistados disse não gostar de entrar em fila, mas afirmou considerá-la justa. Alguns acham a fila injusta exatamente por ser um sistema falho, ou desvirtuado, que não se presta ao seu papel objetivo: o de organizar um acesso segundo a ordem de chegada. Ou seja, nesse caso a fila é injusta porque ela não existe de modo perfeito na vida real.

Aqueles poucos que consideram a fila justa, realçaram aspectos como o fato de a fila ser "fruto da civilidade", da "noção do coletivo" e de que "o princípio da fila – a ordem de chegada – é justo e ninguém sai prejudicado". Eles consideram que a própria fila "é um costume de bom senso e respeito, pois o critério de chegada é razoável".

Observo que essas opiniões são teóricas. Como é comum nos inquéritos destinados a investigar práticas sociais estabelecidas ou preconceitos arraigados, poucos são os que admitem o óbvio e, de modo mais realista, qualificam a fila como sendo um "mal necessário".

Como um "momento – como diz um informante – de fazer algo pessoal sem culpa, nem pressa" (como, por exemplo, ler). Alguns, é claro, salientaram sua preferência por filas bem organizadas, bem como a compatibilidade ou a coerência entre o princípio da fila (a ordem de chegada) e as chamadas filas preferenciais.

Várias pessoas consideraram a fila justa em teoria, mas injusta na prática, sustentando de modo contraditório que "a fila é justa quando organizada, mas em regra isso não acontece", ou que "fila é sempre fruto da desorganização ou comodismo de prestadores de serviço que sabem que o consumidor não tem para onde correr".

Entre os predicados da fila injusta, estão: a revolta de que pessoas encontrem conhecidos e, por meio do relacionamento pessoal, furem a fila; a aglomeração que leva ao abandono do princípio da ordem de chegada; o que acaba aumentando o tempo de espera. Nesses casos, o ponto negativo não era a fila, mas a sua organização.

As filas que, por falta de atendentes, ficam esperando o funcionário. A falta de atendimento prioritário para quem tem questões mais simples a resolver seria uma outra questão. Ela foi descrita nos seguintes termos: "É comum, num banco, uma pessoa que tem apenas uma conta para pagar ficar uma hora na fila porque na sua frente havia diversas pessoas – normalmente funcionários de empresas – pagando, no mínimo, dez contas". Outros entrevistados mostraram indignação com o fato de que "empresas contratem idosos e pessoas em condições especiais para que estes tenham preferência na fila para uso profissional, e não pessoal".

Uma informante simples e significativamente fugiu da simples dicotomia entre justo e injusto. Para ela, "'justa' não é uma boa palavra para definir a fila" porque, na realidade, ela é uma forma de organizar o caos". Caos que, para ela, seria "a lei do mais forte, em que as pessoas com menos caráter se impõem", o que faz com que a fila seja "justa no sentido da ordem, mas tal critério torna a fila um problema para de quem está com pressa". De modo tipicamente hierárquico ou anti-igualitário, a informante sente que a fila não atenda ao "projeto de cada um". E a atenção a esses projetos seria fundamental o que, obviamente, liquidaria a ideia de igualdade da fila.

Por isso a informante considera a fila "uma regra social muito violenta, com muita organização" exatamente porque a fila, como a igualdade em público, não pode contemplar a importância e os objetivos dos seus usuários que são inevitavelmente singulares. Tal paradoxo é, sem dúvida, um dos problemas da fila no caso brasileiro porque se todos fossem considerados individualmente, não haveria fila – como era o caso num Brasil não republicano. Nele, as "aglomerações" da chamada "turba" ou do "Zé Povinho mal-educado" impediam a ordenação por ordem de chegada, independente de posição social ou reconhecimento pessoal.

A organização da fila

A organização da fila foi o objeto de maior elaboração, sugerindo que o nível de (des)organização de cada fila diz muito sobre sua aparência, sobre o comportamento dos seus componentes e sobre os conflitos que nela podem surgir. Uma entrevistada resumiu, de modo um tanto contraditório, a questão da seguinte forma:

Há filas mais organizadas, outras mais desorganizadas. Tem fila em que temos que ficar em pé um atrás do outro e outras que são formadas através de senha. Nestas, cada um tem sua vez e o critério é a ordem de chegada, mas nós não ficamos organizados como numa fila tradicional (um atrás do outro). Há filas em que o primeiro critério não é a ordem de chegada e sim o assunto ou caso a ser tratado e aí, dentro de cada assunto, é que vale a ordem de chegada. Tem fila formada no telefone – quando ligamos para algum *call center*, por exemplo. Nós aguardamos a nossa vez enquanto os funcionários vão atendendo um depois do outro (ou pelo menos é assim que eu imagino). Já inventaram até fila preferencial pelo telefone. Quando vou marcar alguma consulta ligo para um telefone que diz – "disque x para marcação de consulta preferencial – maior de 65 anos, gestante ou deficiente".

É óbvio que a fila, como todo elemento social, depende do seu contexto o qual, por sua vez, é relativo à construção do espaço público no qual ela ocorre. O espaço em que a fila ocorre pode ser mais fechado, estruturado ou aberto. Num banco ou repartição ele é fechado e vai operar de acordo com os critérios da instituição que a controla. Com uma senha ou com uma mensagem explícita (escrita) dos critérios de atendimento, as filas tendem a serem vistas como mais organizadas. Mas quando tais critérios estão ausentes, a fila seria "de ninguém" – ou teria um dono – o que revela como, no Brasil, espera-se que a ordem venha de cima para baixo ou de fora dentro, num contraste com outras sociedades onde a fila tem sua própria ordem e o "furar" ou desobedecer essa ordem não depende de alguém ligado a instituição onde ela ocorre, mas aos seus membros. Nos casos em que esse interventor não existe, as opiniões são de que a fila descamba para a desorganização, a discricionariedade pessoal e o desrespeito.

Enxergo diferença nas pessoas que as frequentam. Quando se trata de algum órgão público, elas tendem a ser mais organizadas, e as pessoas respeitam mais, mesmo reclamando do tempo que demora. Quando se trata de filas "organizadas" por pessoas aleatórias para tentar ter alguma ordem – como no ônibus, no metrô, ou pra pagar pra sair de uma boate – as pessoas são extremamente mal-educadas e fazem de tudo para furar a fila. É um desrespeito absurdo. Acho que, nesses casos, elas pensam que não têm quem fiscalizar, logo, podem ser desonestas, já que a maioria das pessoas não fala nada sobre furões, só resmunga pra si mesmo.

***

As piores filas são [...] aquelas desorganizadas, sem controle e com poucos funcionários para realizar atendimentos, ainda que haja muitos guichês que poderiam ter funcionários operando para agilizar o atendimento. Por exemplo, as filas para compra de ingressos para grandes finais no Maracanã.

Quase todas as representações de uma fila ordeira (ou da ordem numa fila) consideram os indivíduos envolvidos com a fila, incapazes de organizá-la. Há uma expectativa de que tal incumbência seja a de um terceiro agente, "isento" ou ligado ao local onde a fila ocorre.

O extensivo descrédito na capacidade de lidar com a situação, sustentando uma organização justa, bem como no sentido de convencer a coletividade a assumir tal postura, aceitando a vontade majoritária, é rara. No geral, os informantes estão convencidos que os membros da fila vão agir egoisticamente, tirando proveito de algum descuido ou malandramente ultrapassando os que estão distraídos.

Daí a vigília desconfiada e brutalmente hobbesiana de todos contra todos, reveladora de que nós, brasileiros de qualquer classe social, pensamos o mundo de um ponto de vista muito mais hierárquico e tipicamente relacional do que de um ponto de vista igualitário e individualista. Não que a igualdade não exista, mas ela é um valor ao qual se reage negativamente dependendo do contexto. Se alguém ou todos forem conhecidos, a fila tem "dono" e, sendo "nossa", vai operar de modo sereno. Mas se todos são desconhecidos e o ambiente é marcado pela impessoalidade a experiência será de nervosismo, desconfiança e de gestos, falas e atitudes negativas.

Essas expectativas são reveladoras de uma alergia ao igualitarismo como menciona DaMatta, em 2010, no livro *Fé em Deus e pé na tábua*. Levada aos seus limites, essa impaciência ou rejeição ao igualitarismo acaba tornando a própria fila – que se forma como uma hierarquia passageira, como um meio para um fim; em um fim em si mesma – sempre *suspeita*.

Em todas as entrevistas realizadas, a fila de compra de ingressos de futebol é o expoente máximo desse tipo de descompasso entre a vontade individual (que demanda rapidez) e o interesse coletivo (que exige tranquilidade e paciência). Um entrevistado sustentou a sua visão gradativa do mundo observando que: "existem filas bem organizadas e mal organizadas. E existem pessoas mais ou menos educadas. Pessoas mal-educadas em filas mal organizadas transformam a espera num caos. É, por exemplo, o que se vê em entradas de jogos de futebol, talvez – continua – porque se trata de um esporte competitivo no qual o próprio ato de se preparar para assistir a ele já induz a disputas e à malandragem".

Outro relato afirma que "as filas no Rio de Janeiro têm agregados nas laterais – malandros que pedem para um amigo

comprar ingresso, por exemplo, e estão sempre a ponto de se desintegrar e virar uma 'porradaria' generalizada".
Esse tipo de fila foi considerada a pior. No fundo, ela não seria uma *fila,* mas um aglomerado ou um ajuntamento na linha daquilo que descreve Monteiro Lobato e que os entrevistados mais velhos guardam na memória. Pois quando perguntados, eles são unanimes em reagir dizendo que no Brasil não existiam filas, mas ajuntamentos de pessoas na base do "empurra-empurra".
Realmente, uma informante de 90 anos, chegou a invocar que as "pessoas distintas" não entravam em fila. Uma outra recordou o abuso sexual recebido numa fila de cinema e uma outra lembrou-se do costume brasileiro de "guardar lugar" na fila para amigos e também dentro do cinema, quando uma pessoa reservava cinco ou seus cadeiras para seus amigos e família, simplesmente mencionado aos estranhos um "desculpe, mas esses lugares estão guardados!" E o estranho – o outro absoluto – nada dizia e muitas vezes pedia desculpa numa absoluta compreensão da ética relacional invocada.
Um outro informante reitera essa visão e relata o seguinte:

A pior fila foi pra comprar o ingresso da final da Copa Libertadores em 2008, no estádio das Laranjeiras. Fiquei a madrugada na fila, quando as vendas começaram ela andou 20 metros em 30 minutos e os ingressos se esgotaram. Muita bagunça, muita gente furando, muitos cambistas e uma atuação patética da PM, que foi destacada para assegurar a venda, e da segurança do clube, que deixou cambistas agirem livres e ainda reagiram com truculência contra os que foram prejudicados e reclamaram.

Este tipo de fila – *vista como a pior* – desperta a seguinte memória de outro informante: "A fila da entrada de São Januário é um completo caos. Como a polícia não controla, as pessoas simplesmente vão entrando na sua frente e não é muito aconselhável reclamar."

Numa outra opinião, registra-se: "A pior fila foi para comprar o ingresso da final do campeonato mundial de clubes. Fiquei mais de cinco horas, houve confusão, polícia, e meu time perdeu."

Aqui, confirma-se a contaminação do que se deseja com o ato de entrar na fila, como se o evento esportivo desse a licença para que a fila se transformasse numa luta de todos contra todos, num individualismo selvagem – sem regras e limites no que diz respeito a conduta dos outros.

Mas se a compra do ingresso é para assistir a algo tido como artístico ou não competitivo, como a compra de um bilhete para um concerto, o comportamento tende a ser diverso. De fato, quando se compra a entrada para um jogo popular no qual há um interesse investido, pois quem compra o ingresso é um também torcedor, além da "luta" na compra do ingresso, ele vai assistir a uma luta do seu time. Nesse caso, o ato de entrar na fila já promove ansiedade, pois está motivado pelo investimento emocional do comprador.

Tal interpretação se confirma por outro entrevistado: "As [filas] de jogos de futebol são caóticas e paradoxais por essência: há fila até para furar a fila!"

A fama das filas de ingresso de futebol é tão notória que um entrevistado chega a afirmar que "viraria esquizofrênica uma pessoa que frequentou por vinte anos a fila do Maracanã e passasse a ir diariamente ao Teatro Municipal para assistir uma ópera".

Por isso mesmo, a capacidade do Estado como organizador da fila recebeu avalições distintas. Uns consideram suas filas as mais organizadas, outros, o justo oposto.

Mas isso não muda o fato um tanto surpreendente, mas inteligível pela experiência histórico-social brasileira, que a maioria percebe como a ordem de uma fila depende diretamente da existência de algum *"dono"* ou *"patrão"* que a oriente e cujas decisões sejam externas a dos seus componentes.

Neste sentido diz um entrevistado: "Normalmente, nos órgãos públicos, as filas são imensas e desorganizadas. E o atendimento, normalmente, é péssimo."

Um outro entrevistado remarcou:

As diferenças podem ser apontadas por conta da quantidade de pessoas na sua frente, e pelas acomodações oferecidas, tais quais como ar condicionado, assentos etc. As melhores filas com certeza são as organizadas por senha, que te desobrigam a se manter em ordem, te proporcionam maior liberdade e comodidade.

Já as filas que carecem de "dono" ou organizador tendem à confusão:

Não entro em filas para restaurantes ou algo que exista qualquer tipo de opção. Em shows e festas, o horário das pessoas chegarem acaba coincidindo e gerando filas. Em festas, muitas pessoas se conhecem na fila e a desorganização é maior. Em shows, boates, bares e bancos, existe mais organização e controle.

A parcela majoritária dos informantes considerou que, nas situações em que a fila é aberta e ocorre num espaço público sem fronteiras bem definidas (na rua, ou quando se fica diante de um guichê mal construído e as informações são inexistentes) e, mais do que isso, não há um gestor formal, cresce a possibilidade de haver fraudes e malandragens à ordem de chegada – em especial, o ato conhecido como *"furar a fila"*. O que, por outro lado, também não afasta por completo a possibilidade de existir furões em filas com um controlador evidente, como diz esse relato:

Estava numa uma boate, na hora de pagar para ir embora. O que deveria ser uma coisa rápida acabou demorando mais de uma hora, porque pessoas que conheciam os seguranças entravam na frente o tempo todo, e não adiantava a reclamação geral. Fiquei com raiva pela minha impotência diante daquilo, assistindo acontecer sem poder de fato fazer nada pra mudar.

Além da grande maioria dos entrevistados conceber o ato de *"furar a fila"* como um expediente corriqueiro, mas desagradável, usado por muitas pessoas, inclusive amigos, em número igualmente expressivo, todos admitiram ter furado a fila em determinadas circunstâncias.

Daí a opinião reveladora e axiomática de um informante: "A melhor fila eu não me lembro, não gostei de nenhuma... Talvez seja aquela em que eu conheça alguém, pra poder entrar."

Tal opinião se junta a de outra pessoa que simplesmente disse: "Jamais entrei numa fila!" Quando vou votar, somente chego em horas em que a fila é mínima ou inexistente.

A existência de um "poder" regulador na fila não impediu que os entrevistados se sentissem desprestigiados e frustrados. Mas, nesse caso, a ideia de desrespeito parece estar ligada a outros eixos de tensão já mencionados como a demora – a obrigatoriedade de esperar que iguala e impessoaliza, e nega a perspectiva de realizar uma vontade pessoal sobrepujando as demais e se impondo autoritariamente com o objetivo de ser atendido com presteza.

Eis um bom exemplo:

Eu estava aguardando para embarcar e, depois de horas em pé, quando finalmente chegou minha vez, fui informada que o voo estava atrasado, e que teríamos que fazer uma nova fila dentro de algumas horas. Por que eles não avisaram logo a todo mundo?

Outro tipo de drama é o da pessoa em confronto com a incapacidade de um supermercado de colocar mais caixas registradoras à disposição, mesmo com filas imensas num determinado horário. O informante se perguntava: "Por que não colocam mais caixas registradoras? Todo mundo precisa comprar comida e tem que estar aqui, passando por isso."

Isso levou a uma questão paralela: a da distinção entre espaço público e particular, que remete, em última análise, aos seus paradigmas fundamentais como a casa e a rua, como um de nós indicou num livro publicado em 1985, intitulado *A Casa & a Rua*.

A relevância na maneira como essa oposição cosmológica no caso brasileiro é construída em ligação com as representações da fila, revela a sua importância já que *casa e rua* localizam os extremos de um mesmo eixo, e constituem um instrumento fundamental de compreensão dos valores sociais nacionais. Filas com um controle organizacional mais intenso e consistente reproduzindo a seu modo as hierarquias da casa (onde todos sabem e têm um lugar), são as mais apreciadas:

> As melhores são as filas de bancos com um segmento voltado a clientes com uma renda maior que a média (atendimento Prime, Personnalité etc.), em que você não precisa ficar em pé e pode pedir um café, uma água etc.

> A pior fila – diz outro informante – é a organizada em pé, sem nenhuma delimitação, em que costuma se criar uma situação propícia para os "cortadores de fila". Ela flui de maneira muito lenta e fica exposta ao relento e suas intempéries sendo formada na via pública.

Um informante elegeu a melhor fila como sendo a do "Consulado Americano, porque me dei ao luxo de pagar um despa-

FILA E DEMOCRACIA

chante para ficar na fila por mim. Então, foi a melhor fila no sentido de evitá-la".

O ofício do despachante – um cargo bem estabelecido no Brasil cujo objetivo é realizar a mediação entre os estratos superiores e inferiores do sistema, atuando – como já foi dito como um *padrinho para baixo* – ajuda aos que não têm relacionamentos sociais com pessoas importantes ou influentes. Assim, eles atuam naquilo que é compulsório, mas tido como desagradável no sistema nacional: nas suas áreas paradoxalmente igualitárias que exigem paciência, resignação e sacrifício, porque o sistema burocrático brasileiro funciona contrariando o princípio da impessoalidade e do automatismo no qual ele, teoricamente, se funda. Ele depende mais de relações pessoais do que de uma fila ou ordem de entrada impessoal. Assim sendo, carteiras de motorista, passaportes e outros documentos essenciais na vida moderna, promovem imensas filas e o "despachante", sendo a ponte entre os dois lados, ajuda a diminuir o tempo, obtendo com mais rapidez o documento ou o certificado exigido por lei. Dizem que no resto do mundo, ele é desnecessário. Mas no ato de "tirar documentos" no Brasil, ele continua básico. Deste modo, o despachante como um como um "padrinho para baixo" (para cima é "pistolão", como se dizia), é parte e parcela de um sistema burocrático-personalista que opera anti-weberianamente em sociedades onde criar dificuldades ajuda a ganhar facilidades.

Outro tema relevante foi o das filas de certas boates. Isso ocorre porque em diversos desses estabelecimentos destinados a diversão, muitas pessoas podem ser barradas por falta de beleza física, estilo ou aparência. Sobre essas filas, um informante manifestou-se do seguinte modo:

A pior fila, eu imagino, seria a de uma boate quando você não poder entrar pela sua aparência, pelo seu padrão.

Outro confirmou a mesma preocupação:

Uma fila que eu teria horror de enfrentar seria daquelas boates europeias ou americanas em que o segurança vai barrando a pessoa pela aparência. Se for baixa, feia, gorda ou mal-arrumada, a pessoa é barrada na porta.

Nosso comentário já foi anunciado. Se a aparência destrói a fila democrática, e se o julgamento final depende precisamente de um subordinado: o porteiro da boate; subverte-se duplamente a ordem igualitária e também a aristocrática. Nas boates, além de todos os senões já apontados, surge o olho do "dono" do portal que pode abrir ou fechar entradas, destruindo todo o conceito da fila. Não deixa de ser curioso indicar que a manifestação da escolha personalizada, relacional e hierarquizada seja explicitamente mencionada como ocorrendo em países igualitários, tal como o caso do Carnaval de Nova Orleans já discutido o qual é "carnaval" justo porque hierarquiza numa ordem social que tem como valor uma igualdade que não necessita de demonstração, mas da lei quando ele é subvertida como nos casos da discriminação e da segregação racial.

A demora na fila

A demora (ou espera – discutida na abertura deste livro) constitui outro elemento central na definição do que seria uma "má" fila. No plano consciente das entrevistas, ela se associa à ideia de ineficiência.

"Alguns lugares são mais eficientes. As filas de cartório no Fórum são eternas, mesmo quando têm poucas pessoas. Não sei por que, mas parece que levam horas para saírem do lugar", disse uma entrevistada. "Enxergo muita diferença [entre as filas que frequento]. Filas de bancos, normalmente são muito demoradas. Filas de supermercado dificilmente são muito demoradas", disse outro. "A melhor [fila] é aquela que tem atendimento rápido e eficiente", lembrou um terceiro.

Foi nesta etapa da pesquisa – quando pedia aos entrevistados que avaliassem as melhores e piores filas que frequentavam – que as defesas ao modelo de "senhas" apareceram com mais frequência. A exemplo dos informantes que discorreram predominantemente sobre a necessidade de organização, também os entrevistados que priorizaram a eficiência sustentaram ostensivamente sua preferência por algum sistema de registro formal da ordem de chegada:

> As melhores filas são aquelas com senhas (que dão mais flexibilidade), que possuem alguém monitorando do seu andamento e que há como esperar sentado. Para mim, essa é a fila perfeita. Peguei uma fila com este perfil para renovar meu passaporte na Polícia Federal, no posto do Aeroporto Internacional Tom Jobim.

***

> Vejo diferença das filas em que a pessoa tem que ficar em pé, dando passos mínimos conforme a fila anda e as filas mais modernas, em locais que se distribui senha e a pessoa pode aguardar sentada, lendo um livro ou algo mais interessante (pode-se produzir algo nesse tempo de espera).

***

A melhor [fila] foi no Detran, pra tirar a segunda via da minha carteira de motorista quando fui roubada. Recebi uma senha assim que cheguei, sentei em uma cadeirinha e fiquei lá, feliz da vida, ouvindo música e lendo meu livro. Não vi pessoas gritando, reclamando, todos eram atendidos de acordo com a senha.

***

Outra coisa das filas com senha é aquele monitor que mostra o número que está sendo chamado: essa é uma fila flexível, pois permite que o cliente, ao invés de ficar vários minutos em pé no mesmo lugar, possa "adiantar outras coisas" enquanto os números estão sendo chamados.

Uma informante reitera e confirma: "a melhor fila é aquela em que você pega uma senha e pode ficar esperando sentado, de preferência no ar-condicionado, sem se preocupar com furões. Não é propriamente uma fila indiana clássica, mas se propõe ao mesmo fim." Em outra entrevista, um homem afirmava: "a melhor fila é aquela organizada por senhas, num ambiente com temperatura regulada, disposição de assentos, e que flui de forma dinâmica, sem muita demora na chamada do próximo cliente."

Assim, quanto mais rápida e mais formalizada é uma fila, mais eficiente ela é considerada pelos entrevistados, ao passo que a fila demorada é sinônimo de "perda de tempo" e "falta de consideração" do organizador da mesma o que, como sugerimos, acusa inferioridade e distância social. Uma fila com senha é uma fila que tem dono e na qual a hierarquia é explícita. Ela é institucionalizada e o numero recebido automaticamente impede personalismos de modo que é implicitamente considerada como à prova de "furões"; ou seja: à prova de desigualdade.

Mas a ideia de eficiência não está restrita à rapidez. Ela é igualmente mensurada pelo tempo que demanda. Em outros termos, o processo que ocorre sem a necessidade da presença física do indivíduo é valorizado, mesmo que não se tenha uma ideia precisa do tamanho da fila. Como disse um entrevistado: "As melhores são as filas *online*, aonde você vai acompanhando o seu processo e pode ao mesmo tempo fazer outras coisas e não sair de casa ou do trabalho. No entanto, não temos certeza do controle e de como a mesma é formada." Um dos entrevistados, inclusive, associou a ideia de eficiência à capacidade econômica da instituição ou empresa responsável pela fila:

> Eu tenho um critério muito pessoal para classificar filas como toleráveis ou intoleráveis: se eu estou em um supermercado de perfil mais popular, por exemplo, eu tolero ficar em filas razoavelmente longas. Contudo, caso eu esteja dentro de uma fila cuja instituição é sabidamente endinheirada (tal como em bancos ou em supermercados extremamente caros) eu acho absolutamente intolerável esperar muito para ser atendido, notadamente quando há guichês vazios.

A fila como escolha

Por fim, há a questão da obrigatoriedade da fila. A tendência que observamos é que a fila seja considerada melhor ou mais agradável, tolerável ou simplesmente menos injusta – quando ela pode ser evitada. Como chama a atenção uma informante:

> Para mim há as filas necessárias, inevitáveis, e as que podem ser evitadas. Por exemplo, para tirar um passaporte você tem que entrar na fila. Não tem opção. O mesmo acontece com visto de viagem, carteira de motorista e outros documentos oficiais que todo mundo precisa. Já fila de banco, por exemplo, é totalmente evitável, existe internet e caixa eletrônico. Se as pessoas fossem

mais espertas, poupariam muito tempo usando a tecnologia. Fila de restaurante, então, bate todos os recordes. Algumas vezes você pode esperar mais de duas horas para conseguir uma mesa. Eu prefiro ir a outro lugar.

Para outro entrevistado, "as filas para restaurantes, cinemas e teatros são as melhores porque todos estão descontraídos. Na fila do banco a coisa piora, mas fica ainda pior nos hospitais e postos de saúde". Uma terceira pessoa reflete sobre a obrigatoriedade de certas filas, reiterando o que já foi dito:

> Em fila de banco, sempre tenho a sensação que metade das pessoas não precisavam realmente estar ali e poderiam resolver suas vidas no caixa de autoatendimento.

Grande parte dos que mencionaram a dimensão da obrigatoriedade, assim fizeram porque compreenderam que toda fila é, entre outras coisas, *um meio para um fim*. É um instrumento obrigatório de mediação e resolução de algum problema. Assim, ela é positiva, motivadora e obrigatória. Ninguém em busca de documento importante vai reclamar num órgão federal ou num banco. Aliás, se não temos o documento obtido em algumas filas (a carteira de identidade, por exemplo) não podemos entrar em outras filas ou sequer "ser" no sentido mais profundo e pouco visto da modernidade, no qual – em muitas situações – o documento vale mais do que o portador.

"A [fila] para ganhar alguma coisa deve ser boa, mas não me lembro de nenhuma."

De modo surpreendente disse uma entrevistada recorda com precisão:

> Acho que a minha melhor fila foi para fazer a matrícula na PUC. Foram horas a fio, mas eu estava empolgada para entrar na facul-

dade e nem me importei. As melhores filas são sempre aquelas em que nós fomos aprovados em alguma coisa e nela estamos para entrega de documentos e receber outros. Essa é a única fila que não irrita e que estão todos felizes[30].

Um entrevistado, entretanto, para não falhar com a ambiguidade que percorrem as opiniões sobre o tema, lembrou que "a (sua) pior fila foi a do alistamento militar, um desfile de barbaridades e bizarrices".

Houve, ademais, quem negasse todos esses aspectos positivos ou neutros, para simplesmente condenar a fila como instituição: "Todas as filas são ruins por essência, mesmo as que são para conseguir coisas boas", afirmou um dos entrevistados. "Uma fila jamais é boa!" – completou outra pessoa – ajuntando de forma cabal um princípio anti-igualitário e também anti-hierárquico.

Quando a fila permite um diálogo menos tenso entre igualdade e hierarquia, sendo oficializada e agendada, com data e senha, em que a autonomia das pessoas seja muito afetada a experiência desperta menos ansiedade. Tal elo igualmente reduz a percepção da *espera* – um dado consonante com a posição das pessoas no sistema e, de um modo mais profundo, no peso da fila como um instrumento elementar de igualitarismo democrático.

Em antropologia social aprende-se a tomar o fato ou a instituição estudada para, no final do inquérito, repensá-lo pelo

---

[30] São os nossos documentos que dizem e "atestam" quem somos, o que podemos fazer e definem a nossa autoridade. E é o "Estado" com letra maiúscula quem confere essa papelada com a qual o nosso mundo é definido e inventado. Para uma reflexão sobre essa problemática, ver DaMatta. "A mão visível do Estado: notas sobre o significado cultural dos documentos na sociedade brasileira", publicado no *Anuário Antropológico* 99: pp. 37-64.

avesso. Seguindo essa perspectiva, vamos terminar elaborando um dado importante e já mencionado: *o fato de que não se faz fila para tudo*. A fila é universal nas democracias mas não é uma instituição obrigatória em todos os seus espaços.

Realmente, vivemos num mundo no qual uma cosmologia igualitária e individualista apresenta situações que requerem filas em lugares públicos – esses espaços dominados basicamente pela impessoalidade, pela afinidade e pelo anonimato, mas não há filas para tudo o que fazemos. Como lembrou com grande acuidade sociológica uma entrevistada, em certas situações o acesso é individual e regulado (por exemplo, a correspondência entre o números dos assentos de um avião, de um cinema e teatro e os seus usuários) mas, mesmo assim, as pessoas se enfileiram, o que não desfaz a organização preexistente porque duas pessoas não podem ocupar um mesmo espaço simultaneamente, sendo preciso esperar a sua vez mesmo quando se goza paradoxalmente de uma posição "superior" numa dada estratificação.

Neste caso, a fila não se faz pela ordem de chegada, mas pela ordem da compra do lugar.

"Eu prefiro ir pra fila da pipoca, que faz mais sentido", reage ironicamente uma informante ao falar dessas "pré-filas". E, no entanto, a fila preestabelecida exprime um pressuposto individualista e igualitário por meio do qual o sistema volta a garantir a tranquilidade a uma aristocracia senão perdida, pelo menos reprimida e não mais publicamente hegemônica. Não que se queira de volta a hierarquia ou a nobreza como um princípio dominante, mas porque não há como, numa coletividade, evitar primeiros e últimos lugares, do mesmo modo que na ordem temporal e existencial há sempre uma primeira e uma última vez como filosoficamente observou Arnold Van Gennep no seu clássico *Os Ritos de Passagem*.

Para além disso, existe a possibilidade de filas se formarem tomando como referência *outros critérios*. Foi o que disse uma espanhola que estudava na França e veio ao Brasil num intercâmbio estudantil:

Algumas das filas que frequento aqui – afirmou com certo exagero – não existem na minha cultura, como, por exemplo, a fila do ônibus (que às vezes existe aqui), mas que na Espanha não existe (lá as pessoas ficam desorganizadas no ponto). Outra diferença é fazer fila no "bandejão". Na França, se duas pessoas estão juntas, elas tendem a ficar lado a lado na fila. Na Espanha se acredita mais na cortesia e na França é mais comum ter um número de atendimento. O uso da máquina legitima o processo – a máquina legitima tudo. Uma coisa curiosa sobre o Brasil são as filas preferenciais para certas categorias de pessoas.

Com igual exagero, ela continuou:

Na Espanha e na França isso não existe, nem no banco. Na Espanha me aconteceu o que jamais ocorreria na França: eu fui renovar a carteira de identidade, peguei um número e esperei pelo atendimento. Quando fui atendida, descobri que não tinha a foto, e me permitiram voltar com a foto e passar na frente das pessoas só pra entregá-la.

Essa experiência reafirma a fila como uma instituição sujeita a variações e ênfases relativamente diferenciadas. É possível que na Espanha, como no Brasil e na América Latina, o princípio da hierarquia que contempla, entre outros critérios, que a cor da pele e a *aparência* sejam levadas mais a sério do que na França na formação de uma fila. O mesmo pode ocorrer com gênero, idade e condição de saúde, mesmo em sociedades nas quais a norma igualitária é rotineira. Mas não se pode esquecer que a fila, ela própria, tem suas normas e cria seu próprio plano, faz suas exigências e, como diria Freud, realiza o seu *trabalho.* Assim, ela estabelece uma hierarquia em qualquer lugar, por mais igualitária e individualista que seja a sociedade; e, pela mesma razão, fixa uma igualdade de condições de atendimento por mais aristocrático que seja o fardo histórico da sociedade, conforme o conjunto de opiniões ambíguas sobre a fila que os entrevistados verbalizam.

De qualquer modo, se for mantido o princípio bíblico segundo o qual os últimos serão os primeiros, são as filas que fabricam seus participantes, coagindo seu comportamento, e não o contrário, independentemente do peso da igualdade ou da hierarquia vigente e aceita naquela sociedade.

Embora esse seja um ponto abstrato, os entrevistados têm plena consciência dele. Conforme a opinião de um deles:

> A diferença entre as filas está no nível de adesão à própria ideia de fila. Nas filas, como em outras situações, nos comportamos por imitação. Se várias pessoas desrespeitam a fila, a própria fila se torna algo ridículo e a posição de quem está nela passa de "moralmente correto" para "idiota".

Essa mesma percepção foi compartilhada por outro entrevistado o qual demonstrou perceber a existência de determinados símbolos que coexistem com a ordem de chegada à fila – neste caso: a velhice, a deficiência física e a amizade.

Nas suas palavras:

> O comportamento das pessoas é padrão. Há um respeito aos mais idosos ou deficientes que chegam, mas é um respeito bem hipócrita. É comum ver as pessoas cederem a vez e, ao retornarem ao seu lugar, demonstrarem irritação. Em filas de show ou jogos, por exemplo, a espera é amenizada pela camaradagem que se forma em torno do evento que gerou a fila. Mas isso é bem setorizado.

A um resultado semelhante chegou o sociólogo Leon Mann (1969) num estudo sobre a compra de ingressos para jogos de futebol na Austrália. Apesar do seu trabalho se assentar sobre premissas teóricas distintas, Mann considerou que as filas cuja espera tem mais duração "são regidas por normas e papéis definidos, sujeitas, à cultura e ao ambiente imediato" (Mann, citado em Iglesias, 2007: 123). Mas ele ressalva que esse ambiente pode estar em sincronia ou ser avesso da ideia da fila como um arranjo no qual a igualdade como um valor não se revolve nem por meio de uma hierarquia ou de um conflito, mas por um mecanismo socialmente ingênuo segundo o qual o primeiro a chegar será o primeiro a ser atendido. O que, no fundo, indica a índole igualitária e, simultaneamente hierárquica da fila e a situa como uma instituição liminar, na qual esses dois princípios se revelam e se dissolvem na medida em que a fila se forma, anda – cumprindo sua função – e termina quando atende ao último enfileirado.

Essa "ingenuidade" é justamente o cerne da democracia liberal. É exatamente essa mobilidade que faz dela um regime coletivo falho, mas viável e com todos os seus defeitos, a aceitável em várias esferas da vida. Os valores presentes no sistema social ou cultural permitem certas singularidades e atitudes, mas não eliminam o princípio da igualdade como base irredutível ou ontológica da fila.

Tome-se como exemplo a fila de supermercado. Um dos entrevistados remarca:

> Eu vejo algumas diferenças [entre as filas] sim. As filas de supermercados, por exemplo, têm uma lógica própria: as pessoas se dividem para ver qual fila chega primeiro – ainda que esse hábito venha diminuindo ao longo dos anos –, é comum pessoas com grandes compras deixarem pessoas com poucas coisas passarem à frente. No fundo, as pessoas toleram esperar para que o cliente em atendimento volte e pegue algo que esqueceu etc.

Na maioria dos supermercados há um número significativo de caixas registradoras, sendo também frequente que uma ou mais sejam destinadas tanto ao "atendimento prioritário" como ao "atendimento rápido" (em que há limitação quanto ao número de itens por pessoa). Há também, em alguns mercados, filas internas para a pesagem de produtos específicos (*e.g.*, carne, peixe, pães, frios), sendo seu pagamento feito com os demais produtos na saída do estabelecimento. Nos supermercados, há assiduidade de grande parte dos clientes, pois é comum fazer compras perto de casa. Também é comum haver horários de maior consumo, como à noite (logo após o fim do horário comercial) e nos fins de semana.

Esses fatores criam as condições para a formação de uma gramática comportamental das filas de mercado (que inclui tanto os bons quanto os maus hábitos) que fica evidente quando as comparamos com outras filas. Nisso, destacam-se a existência de várias caixas registradoras destinadas ao mesmo fim, o que faculta permite que pessoas acompanhadas se dividam e escolham a mais rápida. É claro que, ao final do processo, um lugar será cedido em uma das filas, mas também é evidente que esse tipo de comportamento pode influenciar negativamente a opção dos que estão atrás, pois dentre os métodos de escolha da fila de supermercado está, além da mera verificação da quantidade de pessoas à frente, a quantidade de produtos que foram comprados. Qual será nossa postura se entramos numa fila de poucas pessoas, que carregam poucos itens, e descobrimos que, na verdade, a pessoa à frente está acompanhada de um amigo, que traz da fila ao lado um carrinho com pelo menos uma centena de produtos? Justa ou não, trata-se de uma situação comum nas filas de mercados, e que não se reproduz em outras filas.

Outra peculiaridade desta fila é a licença, usualmente concedida à pessoa à frente, para que volte e busque certo produto

FILA E DEMOCRACIA   97

esquecido, sem que ela o perca seu lugar. Trata-se de uma cortesia habitual que somente ocorre no supermercado. Cortesia semelhante pode acontecer quando alguém com poucos produtos é autorizado a passar à frente por outra que, carregando muitos itens, sabe que irá tomar muito tempo no atendimento do caixa.

Outra ainda é a existência dos chamados "caixas rápidos" (comparável, em propósito, à fila de *check-in* eletrônico – sem despacho de bagagem – nos aeroportos), postos à disposição daqueles que, carregando poucos itens, demandam igualmente pouco tempo de atendimento. A existência desse tipo de fila ajuda a diminuir o tempo de espera daqueles que foram ao mercado para comprar uns poucos produtos e não desejam investir muito tempo na sua compra, dá ensejo a uma variedade de esquemas de burla, das quais eu próprio vivenciei algumas vezes. Uma delas, é a utilização da fila por clientes conscientes de que carregam um número de itens superior ao limite (que é, provavelmente, a forma mais evidente de fraude). Outra, é a distorção da regra pelo usuário que promove uma adequação forçada ao benefício. Um caso típico desse processo é quando uma mulher porta um número de itens visivelmente superior ao estabelecido, mas se considerava beneficiária potencial da fila por se tratarem de poucos "tipos" de itens – algo como 30 pacotes do mesmo biscoito e 30 garrafas do mesmo refrigerante! Nesse caso, porém, a igualdade da vez cede lugar a uma clara coação social porque no Brasil, a caixeira não tem coragem ou se sente do direito de reclamar ou recusar de quem usa esse tipo de expediente, certa de que se assim fizesse, receberia um "Você sabe com quem está falando?" e poderia correr o risco de perder o emprego. Nos Estado Unidos, é comum esse tipo de recusa. No Brasil, isso é muito raro.

Uma situação comum num mercado (mas que poderia acontecer em qualquer local em que as filas se distribuem em vários guichês), e que pode gerar sentimentos contraditórios, é a da abertura imprevista de um novo caixa. Vários informantes observaram este fato como causa suficiente de desconforto e indignação, especialmente quando foi longo o tempo de espera na fila. A colocação inesperada de um guichê em funcionamento promove, inevitavelmente, a redistribuição das demais filas em proporção desigual.

Mas a questão é que essas variações, o princípio da espera e legitimidade do tempo de espera é sempre levado em consideração. Aqueles que chegam primeiro são, apesar de circunstâncias especiais, ou têm o direito a serem os primeiros atendidos.

A fila e seus conflitos

É significativo observar que a questão – *o que vem à sua cabeça quando você ouve a palavra "fila", ou quando você entra numa fila?* – a maioria tenha respondido usando as palavras "tédio", "chatice" e "perda de tempo".

Entre os demais termos igualmente usados, estão: ansiedade, cansaço, demora, desespero, desorganização, espera, estresse, ficar em pé, frustração, "furada", impaciência, impotência, incompetência, ineficiência, irritação, leniência, lerdeza, má vontade, mal necessário, tensão.

Se você, leitor, fizer a mesma pergunta a algum amigo, você vai certamente acrescentar alguma outra palavra desagradável ou negativa a esta lista. A netinha de cinco anos de uma amiga contribuiu com a palavra "saco"!

Neste sentido geral, os termos negativos apenas exprimem o viés mais geral associado a vida pública brasileira. Mas a percepção começa a ficar positiva na medida em que se acentuava algum aspecto instrumental da fila, como a ordem de chegada, a organização ou uma adequação necessária à democracia como o direito de todos à igualdade.

Nas respostas mais detalhadas, os entrevistados forneceram opiniões mais complexas, mais francas e mais abertas sobre suas concepções de fila, explorando traços, defeitos e hábitos a ela relativos.

Tais opiniões revelam dois pontos diretamente ligados a fila como castigo ou suplício. Realmente, na impossibilidade de não poder viver sem entrar em filas, eles falam em (i) *evitar a fila* e, (ii) *estar na fila*. Tal modo de perceber, viver e falar da fila, mostra uma enorme sensibilidade relativamente aos modos variados (usualmente contraditórios) de construção do espaço público no Brasil, sobretudo daquelas esferas marcadas pela impessoalidade.

Seria tão estranho entrar numa fila em casa para ganhar do pai ou da mãe "um prato de comida", um abraço ou para repetir a sobremesa; do mesmo modo que seria absurdo não procurar uma fila ao chegar num banco, loja, repartição pública, condução ou teatro. Para quem entra na fila saindo de um sistema igualitário rotineiro, cuja ênfase é na autonomia individual – como seria o caso americano – a fila pode se configurar como hierarquicamente abusiva. Mas para quem carrega uma bagagem cultural de viés familístico-aristocrático, o *entrar na fila* desperta um oceano de sentimentos que vão da surpresa ao conformismo e ao castigo; da repulsa a aceitação, da alergia a rejeição; passando, obviamente, pela aceitação pacata, mas sempre instável e atenta ao comportamento alheio. É isso que a fila desperta no caso do Brasil.

A primeira dimensão é, reiteramos, a atenção consciente à própria dinâmica da fila, verificando e vigiando o seu tamanho e andamento. Se ela foi "furada" ou segue rápida ou vagarosamente. Tal atenção parece estar ligada às incertezas relacionadas ou despertadas pelo ato de *esperar* que, como foi remarcado na introdução, tem um elo direto com dimensões demarcadoras de inferioridade social. Só quem "entra em fila é pobre, empregado, doente ou destituído", confirma um informante. Quem "está bem" ou "é superior", jamais espera, diz outro. Eis um axioma nacional. Um princípio básico de uma sociedade de raiz hierárquica e/ou relacional que adota, contudo, a igualdade e o individualismo[31]. Ao lado dessa dimensão, mede-se religiosamente como a "fila anda" (ou não anda). Ao lado disso, há uma aguda observação do como e de que modo ou "jeito" as pessoas nela se comportam, são atendidas e ao número de atendentes, pois o número de funcionários dá uma medida maior ou menor de "consideração" para os enfileirados. Todos esses fatores estão interligados. Seja para espera que inferioriza, seja para compor uma fila que tem condições para um "bom atendimento" como, por exemplo, vários guichês, entradas, bem como demarcações e avisos; para não mencionar um bom número de pessoas treinadas para o atendimento.

A regulagem da fila mostra o viés dominante da sociedade. Num sistema de atendimento cuja matriz cosmológica reside na esfera da casa, há uma garantia de ordem quando a fila tem um atendente simpático, conhecido, ou linhas demarcadoras de lugar e de distância entre os enfileirados.

Tal fato é comprovado por algo corriqueiro e significativo, revelado pela pesquisa, a saber: as filas brasileiras, como vimos, são

---

[31] Eis uma experiência reveladora. Na América Latina, conforme remarcou Gllen Dealy no seu livro *The Latin Americans: Spirit & Ehtos*. Boulder: Westview Press, 1992, o atraso de uns corresponde à espera de outros. Chegamos atrasados, mas jamais pensamos em quem nos espera. Aliás, em alguns casos, deve-se deixar a espera ocorrer porque, como remarca Dealy sem, contudo, mencionar a hierarquia como um valor, o mais importante é sempre o último a chegar, pois somente depois de sua chegada é que o evento se completa e o drama pode ser iniciado. Não há pessoa importante (ou necessária como um médico) que atenda na hora marcada. Um presidente que não faz um visitante esperar, não tem noção da importância do seu cargo. O avesso disso é ser chamado para o guichê num banco ou numa fila formal de uma repartição pública. A espera como um fato e uma instituição social, portanto, é uma expressão concreta do elo entre quem espera e quem (ou aquilo) que ele ou ela esperam. Noto que, neste exemplo, surge de modo singelo o enlace e a contradição entre a objetificação moderna da hora marcada que é independente e impessoal (poder-se-ia dizer, republicana); e as relações pessoais cuja ética rompe com essa impessoalidade (poder-se-ia ressaltar: aristocrática).

nomeadas, qualificadas e julgadas pelo nome dos lugares e instituições que as fabricam. No Brasil, temos a fila do pão, da água, do emprego, do empréstimo, do ônibus, da barca, do posto de saúde, do bandejão e do cinema que são piores do que as do banco, da comunhão ou do restaurante, exceto se forem explicitamente qualificadas. A de um filme popular, como a de um supermercado no final de semana pode ser muito pior do que a de um hospital público – exceto se você tiver "alguém" *conhecido* nesses lugares.

Mede-se implicitamente o tempo médio gasto por atendimento e, em caso de dúvida, as pessoas querem saber se a aglomeração é, de fato, uma fila, ou se não passa de um mal-entendido. Muitos reconhecem que "o brasileiro" faz fila também por curiosidade ou para tirar vantagem de alguma situação (ficar atrás de uma mulher atraente, por exemplo), de modo que uma fila pode se formar sem que os recém-chegados saibam da sua finalidade. Em aeroportos hoje lotados, as filas ansiosas para "entrar no avião" são tão compactas e confusas que é necessário perguntar se elas são para tal ou qual voo.

Suponha que se diga que estão distribuindo pão, doces, empregos públicos ou perfumes. Forma-se imediatamente uma aglomeração que pode se transformar ou não numa fila. Por outro lado, para as reflexões condicionadas por uma suposta inevitabilidade da fila, as respostas se desdobraram num número ainda maior de possibilidades.

Para os informantes que salientaram as sensações de tensão, estresse e irritação na fila, as explicações se fundamentaram no que um deles chamou de "as práticas cotidianas não ligadas à proposta geral da fila" (isto é, a ordem de chegada) das quais a mais citada foi a preocupação com os "furões" – os que recusam a "entrar na fila" porque não querem esperar.

Dentro desse grupo também foram citados o de parentes ou amigos que ficam em filas diferentes (mas com o mesmo objetivo, como num supermercado, por exemplo), juntando-se quando um deles é atendido; ou, ainda, o de filas em que o horário de atendimento se encerra pontualmente (tais como em certas repartições públicas). Por isso, aqueles que não foram atendidos vivem a frustração do tempo perdido e do desrespeito pelas regras mais comezinhas da compaixão, agora substituída por uma implacável norma burocrática. No fundo, trata-se de uma reedição concreta e rotineira do famoso e antigo Cordão dos Puxa-Sacos. no qual se subverte a transitória e utilitária hierarquia individualista, pelo filhotismo ou amizade cujos elos são perenes[32].

[32] No carnaval de 1909 a polca "No Bico da Chaleira", composta por João José da Costa Junior, falava dos bajuladores do senador Pinheiro Machado chefe do Partido Republicano Conservador o qual, após a morte do presidente Nilo Peçanha, em 1909, dominou certos setores da vida política brasileira, ajudando a eleger Hermes da Fonseca contra Rui Barbosa na talvez primeira eleição de massa do Brasil. Casado com dona Nhã-Nhã, Pinheiro Machado morava num palacete do Morro da Graça, em Laranjeiras, e era visitado por muitos políticos. A polca cuja letra, multivocal, dizia: "Iaiá me deixa subir nesta ladeira/Eu sou do bloco que pega na chaleira", fazia alusão a uma fila de bajuladores. Fila especial, cujo objetivo era a ânsia de servir o chá ao poderoso senador, que queimavam suas mãos ao pegar no bico e não na alça da chaleira. O verbo chaleirar significa lisonjear servilmente, adular, sabujar. No carnaval de 1946, a dupla Roberto Martins e Frazão, em pleno governo Dutra e em plena celebração da vitória dos aliados contra os nazistas na Segunda Guerra Mundial, fazem a marcha "Cordão dos Puxa-Sacos" que diz: "Lá vem o cordão dos puxa-sacos/Dando vivas aos seus maiorais/ quem está frente é passado pra trás/E o cordão dos puxa-sacos/ Casa vez aumenta mais." Nesse mesmo ano, a marcha de Almeidinha "Trabalhar, eu não" traduz de modo singelo o ideal nacional de falar do político como uma atividade antitrabalhista. Já o clima de filhotismo, apadrinhamento da vida política nacional, surge na marcha da chaleira que inverte com precisão a lógica democrática, quando diz: "quem está na frente" não é atendido primeiro, mas "é passado para trás", numa inversão do igualitarismo e no reestabelecimento de um viés hierárquico-pessoal no qual o bajulador que era englobado anda mais rapidamente do que o meritório. As duas marchas falam da fila e mostram como a consciência popular do "cordão dos puxa-sacos" dos que furam a fila por outros critérios é persistente entre nós. Aqui o registro revela a sua vitalidade de 1909 até 1946, fim oficial do "trabalhismo" de Vargas que voltaria muitas outras vezes com outros nomes. Veja Edgar de Alencar, *O Carnaval Carioca Através da Música*, Rio de Janeiro: Livraria Francisco Alves, 1979. R. Magalhães Junior fala do puxa-saquismo no seu importante *Dicionário brasileiro de provérbios, locuções e ditos curiosos*. Rio de Janeiro: Editora Documentário, 1977.

Nos discursos que vinculam a experiência da fila à ansiedade, chatice e a espera concorrem com as razões de cunho aristocrático, tais como: "a fila é chata por se ter que esperar, pois a espera é chata – mesmo que não seja na fila." Junta-se a esse visão negativa, a ansiedade. Muitas se declararam ansiosas numa fila, mesmo – e esse ponto é importante! – quando não estão com pressa. Lido como complementar ao da casa, o espaço da "rua" e do "enfileirar-se" sempre causa ansiedade e insegurança no Brasil.

Os fatos explicitamente citados como motivadoras de ansiedade, são: o medo de estar na fila errada; o desrespeito pelo horário marcado quando a fila prevê este tipo de providência, mas não a cumpre, de forma que a pessoa chega ao lugar do atendimento e se surpreende com a existência de uma fila gigantesca, com várias pessoas à sua frente; a má-vontade e a ineficiência de funcionários públicos ou atendentes, tornando a espera maior e ainda mais angustiante; a demora de certos enfileirados em manusear documentos, dinheiro ou outros papéis quando são atendidas, quando poderiam tê-lo feito no tempo em que estiveram esperando na fila. Por isso, várias pessoas disseram que se preparam com livros e aparelhos de som portáteis (como MP3, aparelhos celulares e livros) para evitar a ansiedade ou "esquecer" e "matar o tempo" de espera.

Fora isso, uma minoria se referiu à fila, e de maneira menos negativa, enxergando-a como uma espera útil e necessária, já que há outras pessoas aguardando atendimento por quererem o mesmo que eles e também como uma oportunidade de observar as pessoas ao seu redor, e mesmo de estabelecer algum tipo de laço social com elas.

Furando a fila

Furar a fila é um rompimento. Uma reação sociologicamente idêntica ao "Você sabe com quem está falando?". É um "jeito" violento e lamentavelmente óbvio de rejeitar as regras igualitárias de qualquer situação na qual a cidadania vista pelo lado dos seus deveres (mas em pleno equilíbrio com seus direitos) está em jogo ou em prática. Assim sendo, do mesmo modo que um magistrado ou autoridade dá uma "carteirada" para, digamos, evitar uma multa, uma pessoa passa ou tenta passar na frente das outras como um ato de consentida e esperta má-fé numa fila. Neste gesto, o "furão" rompe simultaneamente com as normas de hierarquia da fila e com a regra da igualdade que comanda o respeito pelos direitos alheios. O desconhecimento e a rejeição da norma, explicita um desconhecimento ou uma *ignorância do outro* como um igual porque, numa democracia, a obediência a uma lei jamais deveria ser equivalente a uma desobediência a si mesmo. Na fila, todos seguem numa mesma direção: a regra da espera passiva e pacífica da vez seria de todos. Ninguém se sentiria em desacordo com ela, menos – é claro – os que furam a fila.

Quando perguntados sobre essa atitude, as respostas se dividem entre os que reagem, e os que simplesmente silenciam diante da desobediência. Questionados, surgem muitas racionalizações para essas atitudes. Uma palavra chave da vida social brasileira – o famoso "depende" – foi usada em quase todas as respostas. Ela denota tanto a aceitação tácita ao afastamento da regra, quanto uma reação negativa para o fato de que, afinal de contas, o mundo (e "vida") não precisa ser tão rígido, nem tão certinho quanto uma fila.

A minoria que se mostrou tranquila à prática do *furar a fila* menciona que sua reação depende do objeto da fila e do tempo nela investido. No bandejão da faculdade, por exemplo, onde todos sabem que em breve serão atendidos, se alguém passa à frente porque encontrou amigos, ou mesmo sozinho, a tendência é não reagir, "a menos que a se tenha com muita pressa, ou tensão".

Uma informante, contudo, confessou tolerar essa prática levando em conta sua superioridade social, pois, para ela, o furador de fila é simplesmente uma pessoa mal-educada, logo inferior e um tanto invisível, uma pessoa que, no seu entender, não conta. No entanto, em outro momento da mesma entrevista, esta informante disse se revoltar quando o *"furar"* é muito escancarado ou abusivo como quando várias pessoas em grupo furam fila à sua frente. Tal ambiguidade revela como a dialética entre igualdade e hierarquia entre o individualismo republicano e uma consciência aristocrática engendram reações complexas e, com elas, a ausência de coerência (ou do tal *bom-senso*) requerido pela cosmologia democrática.

É preciso deixar claro, porém, que apenas duas pessoas, de um total de 40, disseram ter tido esse tipo de comportamento.

Das respostas restantes, a menor parte refere-se àqueles que disseram reagir diante de um furão. Aqui encontramos um grupo de entrevistados que reage chamando atenção das demais pessoas na fila para os furões; e há pessoas que buscam repreendê-los diretamente, confrontando quem tenta burlar a ordem da fila.

"Eu alerto as outras pessoas da fila", disse um informante, "Eu reclamo e incito meus companheiros de fila a fazerem o mesmo, com o objetivo de interceptar o furão" – disse outro. Um terceiro indicou: "eu instigo os demais com vaias e assobios." Outros, entretanto, se engajam em diálogos respeitosos com os furões dependendo, como disse um informante, "do meu estado de espírito. Posso só ficar xingando a pessoa 'internamente', como posso também começar um pequeno motim".

Outros lançam calmamente um alerta, como se o furão não tivesse consciência de que está furando a fila. Trata-se de um procedimento classificado como *"educado"* porque ele evita o confronto inevitável nas situações onde a igualdade seria de-

FILA E DEMOCRACIA 107

terminante. Dado o alerta, pergunta-se fingidamente ao furão se ele sabe que há uma fila e onde está o seu final. Outro entrevistado, reitera esse estilo quando diz: "Primeiro, pergunto a alguém se a pessoa havia deixado a fila e pedido que alguém guardasse momentaneamente o seu lugar. Caso isso não tenha ocorrido, lembro *educadamente* ao furão que há uma fila e que ele (ou ela) deve se dirigir ao final da mesma."
Em outras entrevistas menciona-se que tal procedimento "Depende de quem fura a fila e de onde eu estou, mas, normalmente, eu cutuco a pessoa e digo que a fila é lá atrás".

Mas isso – diz o entrevistado – depende da idade da pessoa. Se for idoso, acho justo. Se não, aviso que existe uma fila e que a pessoa deveria ir para o final da mesma.

Alguns, porém, revelam indignação:

Me irrita profundamente. Eu sempre penso na questão da malandragem do brasileiro e naquela coisa do jeitinho. Normalmente o que eu faço é falar com a pessoa que existe uma fila.

Muitos dizem que reclamam porque:

Eu acho um absurdo furar fila. Eu penso que quem fura fila tem algum desvio de caráter. Às vezes eu chego a fazer alguma coisa, como reclamar ou falar pra pessoa ir pra trás. Sinto-me trapaceado e quando isso acontece, eu chamo a atenção de quem está furando a fila. Se for à minha frente, eu me sinto na obrigação de avisar ao *sem educação* que eu vi o que ele está fazendo e espero que ele se retire imediatamente.

Fico chateado, irritado – diz outro informante – e dependendo, posso: reclamar, tirar o cara da fila, passar à frente dele. Fico extremamente irritado e normalmente começo a berrar com a pessoa, para que todos em volta se atentem ao fato, e a pessoa fique constrangida com o seu ato.

O maior grupo é, contudo, o dos informantes que se mantêm "alheios" ao acontecimento em qualquer ocasião, ou que muito brasileiramente *agem paradoxalmente deixando de agir*, levando em conta certas condições contextuais. Eis um exemplo: "Caso seja uma 'furada de fila em bando' (por exemplo, em grandes grupos como nas filas de estádios de futebol), confesso que deixo pra lá." Eis outro exemplo o qual dá atenção aos *perigos do mundo da rua*:

> Reclamo, a não ser que se trate de um lutador de MMA ou qualquer troglodita. Nesse caso, fico na minha. Na mesma linha de aceitação típica do sistema brasileiro, uma mulher confessa: Fico irritada, mas não sou a primeira a começar a reclamar.

"Sempre fico indignado!", diz outro entrevistado, mas sua resposta revela que a irritação também depende, não tendo consistência com a fila como uma instituição "sagrada" da vida moderna, como observou criteriosamente Monteiro Lobato. Deste modo, ele revela: "O que faço (se reclamo ou me omito) depende das circunstâncias: do meu estado de espírito, do tempo em que estou na fila, e do propósito da mesma. Por exemplo, a probabilidade de eu me irritar e reclamar na fila do banheiro químico em blocos de carnaval é maior que qualquer outra."

Outra pessoa adiciona, dando testemunho à sacralidade da norma:

> Passo a odiar a pessoa que furou a fila instantaneamente. A espera em uma fila é incômoda para todos. Mas, em regra, todos que

lá estão se comportam corretamente por conta do sentimento de justiça de existir uma ordem de chegada. O sujeito que quebra esse pacto é um pequeno exemplo de injustiça.

Em outra entrevista, anotamos: "Geralmente questiono a atitude do furador, a não ser quando, por um motivo qualquer, furar a fila pareça razoável ou simplesmente não valha a pena criar confusão."

Mas, disse uma entrevistada:

> Normalmente não faço nada, porque sempre tem uma pessoa que age de forma mais ríspida; e se eu puder evitar a confusão, prefiro ficar assistindo de longe. Não sou muito boa em tomar a iniciativa nessas situações que tendem a dar em "barraco"; depende muito do dia ou da situação. Se alguém fura a fila atrás de mim, no máximo, eu faço cara feia. Não falo nada porque acho que a pessoa que está atrás de quem fura é que tem o direito de reclamar. Se os prejudicados não falam nada, quem sou eu para dar um sermão? Nos dois casos fico chateada, mas só reajo de modo drástico quando aquilo me prejudica diretamente.

Por fim, alguns entrevistados tocaram em pontos que, se não respondem propriamente à pergunta, elaboram temas importantes às questões aqui discutidas.

Como elabora um entrevistado:

> Eu odeio as senhoras de 50 anos que querem ser consideradas idosas para passar na frente. Se você tem boa forma, você pode esperar, daí esse tipo de abuso ser contraditório. O ato de furar a fila gera, nos que nela estão, um sentimento de violência extrema. Estar preso numa fila é algo que só se revela útil por respeito ao contrato social, mas é um limite tênue e a vontade de transgredir é grande.

Reprimir o desejo de passar na frente dos outros, significa reprimir um ideal aristocrático que compete com a igualdade como um valor coletivo plenamente estabelecido. Neste sentido, como diz outro entrevistado: "Quando outra pessoa rompe com esse contrato ela não só o agride naquele momento, como põe em risco toda a manutenção do contrato."

Finalizando, não há como admitir a profunda ambiguidade, a notória ambivalência, a dúvida e as indecisões que a recusa aberta a seguir a norma da fila engendra nas pessoas. No fundo, o *furar uma fila* faz parte da paisagem de uma modernidade (ou talvez de todas as modernidades), na qual a busca da igualdade e da liberdade competem permanentemente com interesses individuais. Só que numa fila, uma instituição baseada numa ordem, afinal, passageira, ela é muito mais agressiva e visível.

Sabemos e admitimos que muitas filas são desrespeitadas em muitos lugares como na vida política, no patrimonialismo acasalado com burocracia, nas finanças, no comércio e até mesmo no plano religioso, mas tais rompimentos não são vividos com a mesma intensidade presencial da fila a qual trata da pequena e rotineira mobilidade social quando se deseja realizar não o projeto de uma vida, mas o vulgar, senão o imediato, desejo de satisfazer pequenas demandas sem as quais a própria vida seria inviabilizada.

Casos exemplares: a fila como drama

Nesta parte, apresentamos uma compilação de histórias da fila tal como elas foram contadas pelos nossos entrevistados. Tais "casos" dramatizam no plano do vivido e não do estritamente analítico e em boa parte desossado como foi visto até agora, uma outra perspectiva da fila. Pois o que temos neste "apêndice", é um conjunto de dramas sociais, no sentido explicitado por Victor Turner em sua magistral obra etnográfica e teórica[33]. Tais "casos" não surgiram como reações as questões apresentadas pelo pesquisador no decorrer do trabalho de campo, mas como recapitulações de situações inesquecíveis – espécies de parábolas ou "lições" – daquilo que os entrevistados aprenderam na fila e, dentro de uma fila, na experiência sofrida que é agora destilada. Se elas foram primeiramente escutadas pelo pesquisador-ouvinte elas agora retornam como "dramas" para o leitor.

Em todas surge com maior ou menor intensidade tudo o que foi aqui discutido. Só que de forma condensada, resumida ou anedótica: como um drama ou uma lembrança que a pesquisa sobre a fila teve o dom de revelar. Aqui, o mais singular, o mais pessoal e o mais historicamente singelo, surge tecendo, como é inevitável em toda circunstância humana, princípios, dúvidas, valores e expectativas que o trabalho teórico tentou explicitar.

---

[33] Ver Turner, 1968, 1974, 2008. E o esclarecedor ensaio analítico de Maria Laura Viveiros de Castro Cavalcanti, "Drama social: notas sobre um tema de Victor Turner", *Cadernos de Campo*, nº 16, 2007.

A maioria absoluta desses dramas trata nomeadamente do desconforto com a própria ideia de igualdade que rege a fila. Alguns – como os dramas II, XI e XIV – revelam a prevalência de vetores não igualitários, enquanto outros trazem casos de disputas em que, apesar do conflito, foi mantida a ordem de chegada (e, por consequência, o tratamento igualitário), a exemplo dos dramas III, IX e X.

Drama I

Tinha 10 vagas pra aula de surf, e muitos queriam fazer [a aula]; [havia] umas 20 pessoas esperando. As pessoas que chegavam ao Departamento de Educação Física para a inscrição foram sentando nas cadeiras (que ali havia) à medida que chegavam, mas quando se abriu a porta para atendimento, não sabiam a ordem de chegada. Nessa ocasião, um conhecido de faculdade acompanhou a mim e as minhas amigas sem saber que havia inscrições, mas interessado em surf. Quando começou o atendimento, ele se colocou primeiro na fila, e já havia 10 pessoas, de maneira que uma delas ficaria necessariamente de fora. Minhas amigas ficaram muito frustradas com o desrespeito. Eu falei pra ele que, por favor, as deixasse passar, e ele foi muito mal-educado, dizendo que deixaria passar, que nós fomos mal-educadas, mas que já tinha o plano de procurar aquele curso. Isso estragou a relação entre nós.

Drama II

A fila do teatro costuma ser tranquila, mas, se os ingressos acabam e há fila de espera, a fila é desorganizada e sem controle. Eu já consegui entrar depois de chegar tarde e estar em fila de

FILA E DEMOCRACIA 113

espera, mas só porque conhecia alguém que falou "você"! Mas e os outros, será que eles entram?

Drama III

No Rock in Rio uma amiga estava há mais de meia hora esperando numa fila para comprar comida. Quando se aproximava da vez dela, uma menina desconhecida a cutucou e pediu pra ela fingir que a conhecia e comprar um lanche pra ela. Minha amiga deu um ataque. Falou que o pedido era um absurdo e que as pessoas estavam há meia hora na fila. Além disso, avisou pro resto do povo da fila o que a garota estava tentando fazer e a menina, obviamente, não conseguiu furar a fila.

Drama IV

Fui num banco pagar uma conta e esperei cerca de uma hora. Quando cheguei, havia somente oito pessoas na minha frente. Mas somente três caixas estavam em funcionamento e um deles era o de atendimento preferencial obrigatório por lei para idosos e gestantes. O que ocorreu foi seguinte. Num dos caixas em que não havia o atendimento preferencial, havia uma pessoa com inúmeras contas e questões a resolver; e no caixa preferencial não parava de chegar idosos. Vários idosos foram atendidos rapidamente e eu, que havia chegado antes, esperei mais. Imaginei o seguinte: o problema não é o atendimento preferencial de idosos e gestantes, mas o banco não ter também um caixa preferencial para quem tem, por exemplo, no máximo três contas a pagar, o que daria mais rapidez ao atendimento.

Drama V

Estava numa fila de uma Agência da Caixa Econômica Federal, no bairro da Tijuca, para abrir uma Conta Poupança, no início do ano de 2011. Sabendo que a fila era grande (pois eu sempre passava em frente ao local), fui à Agência num dia no qual eu tinha pouca coisa para fazer e levei um bom livro. A fila durou uns 40 minutos e percebi que um dos atendentes olhava para mim de vez em quando enquanto fazia o atendimento dos outros clientes. Quando chegou a minha vez, quem me atendeu foi justamente o funcionário que me olhava. O atendimento tipicamente burocrático se iniciou e, lá pelas tantas, com o sistema saindo do ar e voltando e com funcionários e clientes visivelmente estressados, ele se dirigiu para mim e disse mais ou menos o seguinte: "Porra cara, estava reparando que você trouxe um livro para ler na fila, né? Legal isso! Eu gosto de pessoas que se organizam para uma fila. Eu reparo nisso. Eu, quando posso, fico daqui reparando em todos os clientes. Reparo aqueles estressadinhos, que ficam olhando e bufando. Isso me irrita. Fico torcendo pra esse cliente cair no meu caixa. Por que então, eu olho os documentos deles que nem um maluco e vejo todos os detalhes e sigo a cartilha. Caso tenha um errinho de nada eu digo que os documentos estão incompletos e que eu não vou fazer o serviço e ativar o procedimento. Faço mesmo! Sem dó! Pode gritar que eu não faço, pois é só mostrar as regras. Agora, se for um cliente tipo você que tá lá lendo, batendo um papo e tal com outros clientes, numa boa, eu até deixo passar um documento ou outro que esteja pendente. É isso aí cara, você tá certo. Não pode ficar que nem esses malucos que entram aqui."

Drama VI

A fila mais estranha que entrei foi a de minha prova de aula para ingressar como professor da Rede Pública Federal. Éramos quatro candidatos (dos 40 que estavam na última etapa da disputa). Ao chegarmos, a banca do concurso estabeleceu uma fila, para que, cada um de nós, entrasse em uma sala para ministrar a aula a ser avaliada. Quando um candidato saia, entrava outro. Todos nós estávamos ali numa concorrência acirrada, mas isso não impediu que um diálogo se estabelecesse sobre temas externos ao concurso, como o futebol. Após alguns minutos de conversa sobre esse tema, um dos candidatos – visivelmente ansioso por estar esperando naquela fila – puxou o assunto "prova de aula" e começou a tirar papéis de sua mochila e a mostrar seus esquemas e estratégias para a prova que se iniciaria dentro de alguns minutos para uns ou em poucas horas para outros. Naquele constrangimento geral (ninguém podia sair da fila) todos nós (inclusive eu) respondiam evasivamente as indagações do então candidato: Ah, legal. Parece que está bom, dizíamos entre a tentativa de sermos educados, e, ao mesmo tempo, indicarmos ao rapaz que nós não daríamos dicas para ele se dar bem na prova de aula do concurso que todos nós estávamos disputando. Essa foi a fila mais constrangedora para todos.

Drama VII

Bom, uma vez eu estava numa fila de banco daquelas quilométricas e uma senhora parou ao meu lado e começou a puxar papo. Quando a fila andava, ela andava junto comigo, como se fosse uma pessoa que estivesse me acompanhando. Eu deixei rolar para ver se ela ia ter a cara de pau de tentar passar na minha frente, mas a pessoa que estava na minha frente virou para trás e disse para ela que aquilo era uma fila. E a fura-fila respondeu "Ah, isso é uma fila?!!!" Foi inacreditável! Uma coisa curiosa que percebi é que quando os cinemas começaram a utilizar aquele sistema de escolha do lugar ao comprar os ingressos, as pessoas cismavam de fazer fila antes das portas da sala abrirem, o que não faz o menor sentido. Entrar em fila era uma coisa cultural mesmo, e somente aos poucos é que isso foi mudando.

Drama VIII

A história mais cômica foi numa fila da Gol no aeroporto de Curitiba para voltar ao Rio de Janeiro. Era uma fila enorme e eu tinha chegado atrasado. Eu, de saco cheio daquele lugar frio, em todos os sentidos, cheguei no fim da fila e perguntei se ali era o final da fila e se aquele voo era para o Rio. O rapaz virou-se e disse: "Sim, graças a Deus!" E nós rimos, cúmplices. Fiquei tranquilo porque, mesmo atrasado, era a mesma fila para todos. Então surge um funcionário da Gol lá longe e pergunta: *Quem aqui vai para o Rio de Janeiro?* E só eu e o rapaz levantamos a mão. A suposta fila para o Rio de Janeiro não era para o Rio de Janeiro, e sim para São Paulo! Colocaram a gente pra correr, entramos sem *check-in* no avião, saímos atrasados e com um avião inteiro olhando de cara feia para nós!

Drama IX

Tenho uma história de uma fila do Maracanã, espaço marcado pela desorganização. Fui comprar ingresso pra Flamengo x Goiás, em 2009, e no primeiro dia de vendas, a fila era gigantesca. Cheguei cedo e já estava grande. Como sempre acontece no Maracanã, havia centenas de malandros de todos os tipos, que tentavam furar a fila usando vários expedientes – constrangendo com ameaças, se esgueirando pra dentro da fila como quem não quer nada, pagando pelo lugar etc. Diante do temor de que os ingressos acabassem por causa dos furões, a turma da fila criou um sistema de alerta e repressão antifurão que funcionou perfeitamente. Surgiram algumas lideranças na fila que se responsabilizavam pela área da fila em que estavam e, toda vez que havia um furão entrando em ação, ele era denunciado e constrangido. Aquele esquema do "Ô mermão! Não vai furar não!", funcionou. Os policiais que faziam a segurança da fila atendiam a esse alerta e logo se apresentavam para coibir os furões. Formou-se uma rede de segurança antifurão que articulava a sociedade civil (os consumidores rubro-negros) e estado (a Polícia Militar).

Drama X

Quando eu tinha 8 anos, me perdi na Disney. Como eu mal sabia falar duas palavras em inglês meus pais tinham feito uns cartõezinhos pra mim e pros meus irmãos, dizendo "estou perdido, meu nome é tal, meus pais são tais, estamos no hotel tal, por favor me ajude". Graças a esse cartãozinho, fui parar em uma espécie de "achados e perdidos" de crianças, que era uma sala com várias portas e crianças chorando em todas as línguas. O funcionário da Disney que me levou pra lá falava espanhol e me explicou que ia chamar uma moça que falava português pra me ajudar. Ele me colocou atrás de duas outras crianças chorando em português. E quando a tal moça apareceu, ela falou com cada um de nós seguindo a ordem em que estávamos na fila.

Drama XI

Na UNIRIO passam basicamente três ônibus. Então, a partir das 21h, o ponto em frente à faculdade fica abarrotado. Cada um no seu mundinho, com seus fones de ouvido e olhando pra baixo pra fingir que não estão vendo os amiguinhos, porque ninguém quer "fazer social" depois de um dia de trabalho e uma noite de aulas. Quando chega um ônibus, todos parecem formiguinhas. As pessoas começam a se mexer meio aleatoriamente, pois não sabem exatamente onde o ônibus vai parar, e isso faz toda a diferença. Quando, afinal, o ônibus para, rola uma organização imediata. Uma fila é formada ao lado do ônibus, não fazendo a menor diferença de quem chegou primeiro e quem estava esperando há mais tempo. O pessoal que estava na frente de onde o ônibus parou cria uma segunda fila e rola uma educação inédita entre homens e mulheres – TODOS os homens dão passagens às mulheres, independente de que lado da fila estão, e os outros homens dão espaço pra elas subirem. Todo dia é exatamente a mesma coisa, com todos os ônibus, e ainda rola uma solidariedade das pessoas que ainda estão esperando os seus próprios ônibus: caso um ônibus esteja prestes a partir e alguém venha correndo lá de longe, as pessoas que estão no ponto gritam, batem no ônibus, fingem que vão subir também, só para o ônibus esperar quem está correndo.

Drama XII

Hoje em dia os cinemas têm lugares marcados. Meu namorado e eu fomos ver um filme na sessão de meia-noite, acreditando que a sala estaria mais vazia. Ledo engano. Não só estava lotada, como as pessoas estavam todas em fila! Se tem lugares marcados, que diferença faz quem entra primeiro ou por último

FILA E DEMOCRACIA 119

no cinema? Qual o sentido de ficar em pé por 30 minutos (a gente contou) esperando pra entrar, quando não existe a menor possibilidade de alguém sentar no seu lugar? Não só isso, mas mesmo antes do cinema abrir, se alguém na fila desse um passinho pra frente e a pessoa atrás não seguisse, rolava reclamação! Indignação de toda a fila porque a pessoa não deu um maldito passinho pra frente, e nem era pra entrar no cinema! Sei que as filas são uma convenção social, que são uma forma educada de esperar sua vez, mas fazer fila quando já se tem um lugar marcado não faz o menor sentido!

Drama XIII

No dia de Natal fui comprar um ingrediente que faltava para a receita da ceia e tive que enfrentar a fila gigante do supermercado. Devia ter umas 30 pessoas na minha frente e isso na fila de até 15 itens! Passados 30 minutos eu ainda estava na metade da fila e uma senhora, com uma cesta de compras na mão, parou atrás de mim e começou a puxar assunto. Eu não disse uma palavra, mas a senhora não foi embora e furou a fila descaradamente. De repente ela solta a seguinte frase: "nossa, como a fila cresceu." Veja bem: a mulher deu uma de louca, furou a fila e ninguém fez nada a respeito. Nunca soube se ela realmente era maluca ou só uma pessoa querendo se dar bem no dia de Natal.

Dramas XIV

Na fila do alistamento militar, tanto na primeira etapa, na Gávea, quanto na segunda, em Triagem, fui obrigado a passar horas mofando com garotos de diversas classes sociais. Rolava muita conversa e brincadeiras entre garotos que não se conheciam. Havia também algumas tentativas de intimidação, de rapazes que eram ou que afirmavam ser ligados ao tráfico. Foi uma situação estranha, meio tensa, meio divertida, cheia de contrastes. Interessante, mas, pelo que eu me lembro, a ordem da fila foi respeitada, embora houvesse muito desrespeito e até mesmo ameaças de agressão e intimidação.

Drama XV

Foi na fila das eleições, na minha zona eleitoral. Nesse dia, a fila estava um pouco grande. Havia umas 60 pessoas. Uma mulher chegou e parou do lado de uma amiga que estava na frente da fila. As duas pareciam velhas amigas que se reencontravam. Ficaram conversando. Depois de um tempo, ao constatar que a que havia chegado por último não voltava para o fim da fila, resolvi reclamar, ressaltando que aquele era um momento de valorizar a cidadania e que seria muita cara de pau furar fila logo ali. Ela se mostrou surpresa com a minha desconfiança a respeito da sua honestidade. Mas, mesmo assim, a fila andava e ela não saía dali. Outras pessoas começaram a cochichar e ela enfim saiu. Creio que ela estava realmente furando fila e que o encontro com a amiga era uma justificativa, como se ele fosse mais importante do que a fila em si. Assim, era como se ela estivesse furando fila apenas porque estava conversando com uma velha amiga naquele momento. A afetividade na frente da lei. Por outro lado, o encontro com a amiga era também a desculpa para ela estar ali caso alguém reclamasse, pois era a justificativa que a inocentaria, pois, como me disse quando reclamei, era óbvio que voltaria para o fim da fila por conta própria.

Drama XVI

Em uma pequena fila na Argentina, fui ultrapassado por um senhor que estava atrás de mim. Ele simplesmente e, sem qualquer desculpa, passou na minha frente, movendo-se passo a passo até ficar de costas para mim. Quando percebi, olhei para ele pasmo, mas ele se fez de desentendido. Eu forcei a barra assegurando o meu lugar e ele ficou no dele como se nada tivesse acontecido. Achei aquilo muito estranho... O brasileiro não costuma furar fila assim, trapaceando apenas a pessoa que está na sua frente. Ele tenta entrar dissimuladamente na fila geralmente através de um amigo ou aproveitando-se da distração dos outros. Mas simplesmente tentar ultrapassar quem está imediatamente à frente parece estranho no Brasil, pois seria uma afronta direta a alguém. Creio que o furão de fila brasileiro não tem a consciência de estar lesando ninguém diretamente. Ele apenas está se dando bem, sendo esperto diante das imposições onerosas da coletividade.

Drama XVIII

Em Piabetá (pequena cidade do estado do Rio de Janeiro), tinha uma fila pra entrar no ônibus. Um rapaz entrou, mas o bilhete dele não passou, então ele deixou sua bolsa no banco e voltou pra pagar a passagem. Logo atrás vinha uma senhora, que achou que o rapaz estava "guardando lugar" no ônibus, e, revoltada, jogou sua mochila num banco de trás. Os dois discutiram, e a senhora reclamou que o rapaz estava furando fila. O rapaz então respondeu que iria sentar de qualquer jeito no banco "reservado", nem que fosse no colo dela.

Bibliografia

ACADEMIA DAS CIÊNCIAS DE LISBOA. *Dicionário da Língua Portuguesa Contemporânea*. Lisboa: Editora Verbo, v. I, 2001.

ARON, Raymond. *As Etapas do Pensamento Sociológico*. 5ª ed. São Paulo: Martins Fontes, 1999.

AUCHINCLOSS, William. *Ninety Days in the Tropics or Letters from Brazil*. Wilmington, Delaware, 1874.

BARBOSA, Lívia. *O Jeitinho Brasileiro*. Rio de Janeiro: Campus, 1992.

BARBOZA FILHO, Rubem. *Tradição e Artifício*: Iberismo e Barroco na Formação Americana. Belo Horizonte: Editora da UFMG; Rio de Janeiro: IUPERJ, 2000.

BARBOZA FILHO, Rubem. "Sentimento de democracia". *Lua Nova*: Revista de Cultura e Política, São Paulo/SP, v. 59, 2003, p. 5-49.

BELMONT, Nicole. *Arnold Van Gennep*: The Creator of French Ethnography. Chicago: University of Chicago Press, 1979.

BOBBIO, Norberto. *Teoria Geral da Política*: a Filosofia Política e as Lições dos Clássicos. Rio de Janeiro: Campus, 2000.

BRANDÃO, Junito. *Dicionário Mítico-etimológico da Mitologia Grega*. Petrópolis: Vozes, 1991.

CANSTATT, Oscar. *Brasil: Terra e Gente*. Tradução e notas de Eduardo de Lima e Castro. Brasília: Senado Federal, Conselho Editorial, 2002.

CASCUDO, Luís da Câmara. *Dicionário do Folclore Brasileiro*. 5ª ed. Belo Horizonte: Itatiaia, 1984.

CAVALCANTI, Maria Laura. "Drama Social: Notas sobre um Tema de Victor Turner". *Cadernos de Campo*, São Paulo, n. 16, 2007, p. 127-137.

CZWARTOSZ, Zbigniew. *On Queueing*. Archives Européenes de Sociologie, 29, 1988, p. 3-11.

DAILY MAIL, edição eletrônica de 21/09/2001, disponível em <http://www.dailymail.co.uk>, acesso em 26/09/2011.

DAMATTA, Roberto. *O que faz o brasil, Brasil?* Rio de Janeiro: Rocco, 1986.

DAMATTA, Roberto. *Relativizando*: Uma Introdução à Antropologia Social. 2ª ed. Rio de Janeiro: Rocco, 1987.

DAMATTA, Roberto. *Conta de Mentiroso*: Sete Ensaios de Antropologia Brasileira. Rio de Janeiro: Rocco, 1993.

DAMATTA, Roberto. *A Casa & a Rua*: Espaço, Cidadania, Mulher e Morte no Brasil. Rio de Janeiro: Rocco, 1997a.

DAMATTA, Roberto. *Carnavais, Malandros e Heróis*: Para uma Sociologia do Dilema Brasileiro. Rio de Janeiro: Rocco, 1997b.

DAMATTA, Roberto. "Individualidade e Liminaridade: Considerações sobre os Ritos de Passagem e a Modernidade". *Mana*: Estudos de Antropologia Social, v. 6, n. 1, 2000, p. 7-29.

DAMATTA, Roberto. *Fé em Deus e Pé na Tábua*. Rio de Janeiro: Rocco, 2010.

DARWIN, Charles. *The Descent of Man and Selection in Relation to Sex*. Disponível em <http://www.gutenberg.org>, 2nd Edition, 2000 [1874].

DARWIN, Charles. *The Origin of Species*. Disponível em <http://www.gutenberg.org>, 6th London Edition, 2009 [1872].

DUMONT, Louis. *Homo Hierarchicus*: O Sistema de Castas e Suas Implicações. São Paulo: EdUSP, 1992.

DUMONT, Louis. *Homo Aequalis*: Gênese e Plenitude da Ideologia Econômica. São Paulo: EdUSC, 2000a.

DUMONT, Louis. *O Individualismo*: Uma Perspectiva Antropológica da Ideologia Moderna. Rio de Janeiro: Rocco, 2000b.

FERREIRA, Aurélio Buarque de Holanda; FERREIRA, Marina Baird; ANJOS, Margarida dos. *Novo Dicionário Aurélio da Língua Portuguesa*. 4ª ed. Curitiba: Positivo, 2009.

FOLHA DE SÃO PAULO, edição eletrônica de 25/09/2010 disponível em <http://www.folha.uol.com.br>, acesso em 3/10/2011.

FOLHA VITÓRIA, edição eletrônica de 14/08/2009 disponível em <http://www.folhavitoria.com.br>, acesso em 26/09/2011.

GEERTZ, Clifford. *Conocimiento Local*: Ensayos sobre la Interpretación de las Culturas. Barcelona: Paidós, 1994.

GEERTZ, Clifford. *A Interpretação das Culturas*. Rio de Janeiro: Editora LTC, 2008.

GLOBO.COM, edição eletrônica de 21/11/2007 disponível em <http://www.globo.com/>, acesso em 26/09/2011.

GRIMAL, Pierre. *Dicionário da Mitologia Grega e Romana*. 2ª ed. Rio de Janeiro: Bertrand Brasil, 1993.

GUIMARÃES, Ruth. *Dicionário da Mitologia Grega*. São Paulo: Cultrix, 1993.

HOLANDA, Sérgio Buarque de. *Raízes do Brasil*, 26ª ed. São Paulo: Companhia das Letras, 1995.

HOUAISS, Antonio; VILLAR, Mauro; FRANCO, Francisco Manoel de Mello. *Dicionário Houaiss da Língua Portuguesa*. Rio de Janeiro: Objetiva, 2001.

IGLESIAS, Fabio. *Comportamentos em Filas de Espera*: Uma Abordagem Multimétodos. Tese de Doutorado, UnB, 2007.

Longman Dictionary of Contemporary English. Londres: Longman, 2009.

MANN, Leon. "Queue Culture: The Waiting Line as a Social System". *American Journal of Sociology*, vol. 75, n. 3, 1969, p. 340-354.

O GLOBO, edição eletrônica de 30/08/2007 disponível em <http://oglobo.globo.com>, acesso em 18/3/2011.

PAIS, José Machado. *Lufa-lufa Quotidiana*: Ensaios sobre Cidade, Cultura e Vida Urbana. Lisboa: ICS, 2010.

SANTOS, Wanderley Guilherme dos. *Cidadania e Justiça*: a Política Social na Ordem Brasileira. Rio de Janeiro: Campus, 1979.

SILLS, David. *International Encyclopedia of the Social Sciences*. Nova York: Mcmillan, 1968.

SILVA, Benedicto. *Dicionário de Ciências Sociais*. 2ª ed. Rio de Janeiro: Editora FGV, 1987.

SINDER, Valter. *Configurações da Narrativa*: Verdade, Literatura e Etnografia. Madrid: Iberoamericana; Frankfurt Am Main: Vervuert, 2002.

SPALDING, Tassilo. *Dicionário das Mitologias Europeias e Orientais*. São Paulo: Cultrix, 1973.

SPALDING, Tassilo. *Dicionário da Mitologia Latina*. São Paulo: Cultrix, 1982.

The Bible, Old and New Testaments, King James Version. Disponível em <http://www.gutenberg.org>.

TOCQUEVILLE, Alexis. *A Democracia na América*: Sentimentos e Opiniões. São Paulo: Martins Fontes, 2000.

TOCQUEVILLE, Alexis. *A Democracia na América*: Leis e Costumes. 2ª ed. São Paulo, Martins Fontes, 2005.

TURNER, Victor. *Schism and Continuity in an African Society*. Manchester: Manchester University Press, 1968.

TURNER, Victor. *O Processo Ritual*: Estrutura e Antiestrutura. Petrópolis, Vozes, 1974.

TURNER, Victor. *Floresta de Símbolos*: Aspectos do Ritual Ndembu. Niterói: EdUFF, 2005.

TURNER, Victor. *Dramas, Campos e Metáforas*: Ação Simbólica na Sociedade Humana. Niterói: EdUFF, 2008.

VAN GENNEP, Arnold. *Os Ritos de Passagem*. Petrópolis: Vozes, 1978.

Impressão e Acabamento:
GRÁFICA STAMPPA LTDA.